砂漠を旅する　サハラの世界へ

砂漠を旅する

―サハラの世界へ―

加藤智津子

八坂書房

目次

砂漠へ

砂漠。

それは果てしなく続く、砂の海。もしくは、水をなくした涸れた山々や台地。

旅人を哲学的な境地にまで誘う、連なるオレンジ色の砂丘、地平線まで見通せる広大な砂の大地。空間美の極致。

「サハラ」とはアラビア語で「砂漠」を意味する。もともと名前のなかった砂漠で名前を尋ねられたとき、「サフラー（砂漠）」と応えた。それ以降、「サハラ」と呼ばれるようになったという。

あまりにも美しい砂漠に魅せられると、そこに棲む生き物の存在も、

砂漠を越えて村を去り、次の村へ向かう

そこに生きる人々の姿も見過ごしてしまう。

砂漠に予備知識はいらない。砂漠を旅すると、多くの出会いがある。自然や風景、動物や植物、そして、人々。どんなところにも、生きているものたちがいる。およそ日本とはほど遠い砂漠の営みを五感で受け止めることになる。その体験が、大いなる砂漠の知識になる。そこから自ずと、砂漠の歴史や過去を知りたいと思い、また未来までも案ずるようになる。

夢の砂漠
―砂漠からの招待

私は砂漠を歩いていた。

照りつける太陽、足元から地平線まで砂漠が続く。

さらに歩いた。

地平線に緑の茂るオアシスが見えた。水がある。そこまで辿り着こうと、必死で進んだ。

目の前に泉の湧くオアシスが現れた。ようやく辿り着いたかのようにみえたが、それは一瞬にして消えた。


いつもここで終わった、幼いころよく見た夢。

夏の日、私はいつも水筒を持って出かけた。子供はよく水を飲む。家に帰り着くまでに水がなくなると不安だった。それが夢のなかを、水を求めて歩くことになるとしても、何故、そこが砂漠だったのだろう。

夢のなかの砂漠はいつも音のない世界で、風も匂いもなく、暑さも、漂う空気すらも感じない。砂を踏みしめる感触もない。砂漠に生きる人たちも登場しないばかりか、生き物の存在する気配さえもなかった。

この夢の砂漠が現実になったのは、それから数十年もたっていた。それは、あまりにもドラマチックな砂漠からの招待だった。

初めてのモロッコの旅は、友人とともにカサブランカから出発した。本物の砂漠を見たい、と思った。砂漠は遠い。マラケシュを経て、さらにアトラス山脈を越えて行かなければならない。

マラケシュではすでに四〇度以上の気温を体験した。よりによってこの年はひどい猛暑の年で、乾燥地帯では最も暑い六月だった。

サハラ砂漠を遮るように、ムワィアン・アトラス、オー・アトラス、

マラケシュ＊アトラス山脈の麓にある、かつてのサハラ砂漠への交易ルートの中継地。モロッコ南部の中心地。家々が赤い（ピンク）土で塗られていることから、赤い街というイメージがある（次ページ=マラケシュの街）。

マラケシュの街

アンチ・アトラスと、モロッコを南北に横たわるアトラス山脈。最高峰には四一六七メートルのトゥブカル山がそびえる。この山脈が冬には雪を抱き、木々を育て、水を蓄え、川へと注ぐ。

夜明けとともにマラケシュを出発したバスは農地や果樹園を過ぎると、山道を登り始めた。山々を背に小さな村が続いた。

暑いから早朝に出発したほうがいい、と何度も言われ、いちばん早いバスに乗り込んだものの、老朽化したバスには冷房はなく、夜明けとともに照りつける太陽熱を吸収する鉄の塊と化した。全身から流れる汗に、容赦なく窓から入ってくる熱風がさらに追い討ちをかける。水の湧く山の中腹で涼んだのも、つかの間で、バスのなかは焼けつく釜だった。

ところが、バスは少しずつ高度を上げ、ひとつひとつ山を越え始めると、暑さは徐々に和らいでいった。高度が高くなるにつれ、道路沿いに並べて売られていた果物は、モロッコで焼かれる呉須の美しい陶器になり、サハラで産出される化石に変わった。

バスはスピードを落としつつ進んだ。大型車がすれ違うのも困難な道幅。大きく湾曲した坂道。身体もバスとともに左右に大きく揺れる。

幾重にも連なるオー・アトラスの山々

突然止まってもおかしくない不快なエンジン音だけが大きく耳に響く。車内からは会話が消え、風景からは緑が消えていた。雲ひとつない空の青い色と山肌の茶色だけのなかを、バスはひたすら天空を目指すように登りつめる。航空写真を見るような、折り重なるオー・アトラスの山々は果てしなく続くように思われた。

耳が遠くなり、唾を呑む。このルートの最高地点、標高二二六〇メートルのティシュカ峠を過ぎると、バスは少しずつ下り始めた。磨り減ったタイヤにブレーキをかけつつ右へ、左へと蛇行を続ける。安全装置のないジェットコースターのように。思わず両足に力が入る。気分の悪くなる乗客もいる。「二度とアトラス越えはしたくはない」。この雄大な自然に眺めいりながらも誓った。

少しずつ道路がなだらかになると、忘れていた暑さがぶり返してくる。木々もわずかに増えた。遊牧民のテントがあるが、近くには水場はない。集落もあるが、電柱はない。右手に川が現れると、その流れに沿って道が続いた。家も増えたが、マラケシュのようなピンクの壁の家並みではなく、土と同化したベージュ色の家々だった。放されたヤギは歩き回り、子供たちがバスに向かって手を振り、駆けてくる。

砂漠の入り口の街、ワルザザートに入った。おおよそ五時間、そのほとんどをアトラス越えに費やし、過酷な務めを終えたバスはターミナルに滑り込んだ。

ホテルへ着いたのはまだ午前中。汗で流れた水分の補給を促すように喉が渇いた。思考も止まりそうな、脳が重く感じる暑さが全身に被さってくる。水を飲み続けながら、私はとんでもないところへ来たのではないかと思うのだった。

水のない川を渡って行ってみたユネスコの世界遺産、クサル、アイト・ベン・ハッドゥで、一瞬、雨があったが、気温が下がるどころか蒸し暑くなるだけで、やっとの思いで辿り着いた街にもかかわらず、その異常な暑さに観光する気もすっかり失せた。

夜になっても、室内は昼の気温を保ったままだった。バルコニーにソファーのマットレスを運び出して、なんとか眠りに就くことができたものの、腕は虫に刺され赤く腫れた。

翌日は逃げるように、暑いだけの街、ワルザザートを出発した。

バスは無花果《いちじく》の香りが漂うカスバ街道を東へ進んだ。ダデス渓谷、トドラ渓谷から流れ出た川が木々を育て、オアシスやカスバの美しい

カスバ＊城塞に囲まれた居住区域。外敵から守る城壁に囲まれた要塞。アトラス山脈の南側、ワルザザートからティネリール（トドラ峡谷）を経て、エルラシディアを結ぶ道にはカスバが点在する。さらにエルラシディアの南にはサハラ砂漠への起点となるエルフードがあり、古くから重要な通商路だった。

世界遺産アイト・ベン・ハッドゥ

景観を見せている。

三時間ほどでバスはティネリールに着いたが、暑さだけは変わらない。

念願の冷房の効いたホテルに部屋をとると、窓の下にはカスバ「グラウイ」が見えたが、エアコンの前に立ったまま動く気分にもなれない。

ここでも午前中の気温はすでに三八度あり、涼を求めてトドラ渓谷へ向かった。切立った巨大な岩がそびえる間から、青空が小さく覗き、その下を小川が流れていた。少し湿り気を帯びた空気に、しばし生気を取り戻した。このときのグラン・タクシーの運転手が「砂漠へ行くなら」と、推薦するオーベルジュのカードをくれた。

親切なギャルソンが話しかけてきたのはティネリールのカフェ、ヌーヴェル・エトワール。彼も同じカードを持っていた。

「アリさん家族がメルズーガの砂漠でオーベルジュをやっています。とてもいい人で、僕はとても尊敬している。ほらこのカードの・・・」

カフェにいると、よく声をかけられた。青い服を着たサングラスの男は、何かを買わせようと、ティネリールの街を案内してくれたが、買ったのは彼が持つことになるスイカひとつだった。ティネリールに着いて以来、運転手であろうと、物売りであろうと、ひとり、ひとりの顔がようやく見え始めた。振り返れば走り過ぎた旅で、初めてののんびりした時間だった。

四時半起きが翌朝も続いた。

リッサニ行きのバスは定刻どおりの六時に出発し、何もかもうまくいきそうな兆候に思われた。

まもなくトドラ川を渡って街を出ようとしたバスが、橋にさしかかったときに災難が起こった。

一瞬の出来事だった。バスが橋から逸れ、車体が大きく傾いたかと思うと、川に突っ込み、傾いたまま止まった。後方からやって来た国営のＣＴＭバスが強引に追い抜き、それを避けようとした民営バスは川に突っ込んだからたまらない。横転するのではないかと案じながら、私たちは傾いたバスからなんとか浅瀬に降りた。橋が低いのが幸いして、右前の車輪が川に浸かっただけで済んだものの、バスは自力で脱出することは不可能だった。

そのとき声をかけてきたのが、同乗のふたりの日本人。カフェのギ

トドラ川の橋＊今ではこの橋の手前に信号機が設置されている。

タムタム＊モロッコの太鼓。本体は彫りぬいた木、もしくは陶器製に皮が張られている。乾いた音がする。叩き方で強弱をつけ、リズムをとる。

ャルソンも心配してやって来た。すでに、周囲にはどこから集まってきたのか、大勢の見物客が河原に座り込んでいる。微弱な民営バスは代わりのバスを用立てることはできず、バスを引き上げる状況になった。が、簡単にはいかない。

カフェ、ヌーヴェル・エトワールへ引き返した。

ふたりは大阪出身の夫婦で、ずっと南のメルズーガへ行くところだ、と言う。昨日、ホテルで会ったアリさんがいい人で、とてもタムタムがうまいので、どうしても彼のオーベルジュに泊まりたいと。ここでも、また話題に上ったアリさん。どんなに魅力のある人なのだろう。

そこに突然、アリさんが現れたから驚く。静かなものごしの人で、誠実そうにみえた。そんなアリさんから砂漠のこと、メルズーガのオーベルジュのことを聞くうちに、こうなれば、私たちもバスの終点のリッサニまで行こう、と決めた。

肝心の砂漠への足となるバスは、トドラ川の河原でパワーショベルによって一生懸命に車輪を持ち上げられているところだった。それは、紙の網で金魚すくいをするように思えた。交通整理をするために警察が出動し、何度も車輪を持ち上げようとしては失敗するさまを、男た

典型的なサハラスタイルの家。土の壁に草の屋根が乗っている

次ページ=ティネリールのオアシス。ここをあとにして、一路砂漠へ向かう

ちは静かに見ていた。女たちはその川で洗濯をし、ロバを連れた農夫たちは橋の上から無表情な顔を向けて通り過ぎた。

数時間におよぶ金魚すくいが成功し、再びバスがリッサニへ向けて出発したのは出発予定時刻を五時間以上も過ぎてからだった。

ティネリールのオアシスを通過すると、バスは砂漠の道路へ出た。長方体の日干しレンガの家々が並んだ小さな集落。ぽつんと見える木の生えていない小山。ナツメヤシの林。ラクダの群れ。車窓から見る風景は窓枠をフレームに仕立てた絵になる。砂漠という空間に配置された静物を描いた絵画のように。

走り続けているうちはいい、熱くても風が起きる。止まると汗が流れる。本来ならすでに到着している時間を追いかけるように、バスは走り続ける。

突然、バスに向かって箒《ほうき》を振り上げ、大声をあげている女が見えた。その声は聞こえないが、よく理解できる。次に振り向いて、家から鞄をつかんで走り出してきた男のほうに、激しく箒を振る。事故以来、妙な連帯感が湧いた乗客は顔を見合わせて笑った。それにしても、もしかしたら来ないかもしれないバスを五時間以上も待っていたのは彼

だけではなかった。

街に入る。バスの事故がなければ、滞在する予定だったホテルは、太陽の熱を少なく抑えるかのように小さく窓を開けていた。カフェにたくさん並んだ椅子の白がまぶしく反射する。

終点のリッサニでバスを降り、歩き始めた。

「ものすごい数のガイドと称する人たちがやって来ますが、そのままバス停へ進んでください」

荷物を持つと言って、近づいてくる男たちに行く手を阻まれそうになるが、アリさんに言われたとおり歩く。しかし「暑さ攻撃」はそれ以上だった。直接太陽にさらされている腕や足が痛い。白いものが目に鋭く反射し、温度計は四三度を指していた。

乗り換えたメルセデスのミニバスは喧騒の街を出発した。小さな集落に引かれた水路で、子供たちが涼しそうに水しぶきを上げているのを羨ましく車窓から見た。

前方が開けた。ゴツゴツした小石の礫《れき》砂漠からオフロード、ピストに入った。黒い礫砂漠（レグ）に白い幾筋もの轍《わだち》が続くが、運転手はごく自然に車を走らせた。時折背の高いナツメヤシがポツンと立つ。

そのナツメヤシの葉で組んだ柵が随所にある。砂を押し留めるものだが、砂はそこから溢れ、流れ出している。砂砂漠が少しずつ始まる。

目指すは遥か前方の地平線。オレンジ色に輝く砂丘（エルグ）が見えた。そこまでは障害物は何もない。遠くでくねるように立ち上がる、数本の小さな竜巻。静かな砂漠の風景に思えた。

ところが右後方の竜巻が膨らんだ。膨らんで揺れた。「アラジンと魔法のランプ」の大男のように膨れて、車を追いかけるように大きくなった。その竜巻が重なり合う。夢を見ているようだった。それは一瞬にして、オレンジ色のカーテンが空から降りてきて終わった。

意思を持ったようにカーテンは、壁となって車をめがけて押し寄せてくる。オレンジ色のカーテンは左後方にも現れ、青空は灰色に変わっていた。運転手は車を止め、窓という窓をすべて閉め、スピードを上げた。満員の車内は暑さで息苦しい。

砂嵐だった。まもなく、ものすごい勢いで風が吹き始め、車は必死で逃げ切ろうとするが、砂嵐の真只中を走ることになる。窓の下を半狂乱の生き物のように砂が走る。前方は何も見えない。風が音をたてて吹き上げ、車が揺れた。雨交じりの砂が車を叩きつける。運転手は

次ページ＝果てしなく連なる砂の丘

車の向きを変え、エンジンを止めた。喉が渇いて痛い。車のわずかの隙間から、ひんやりとした風とともに進入してきたパウダー状の砂が車内で舞い上がり、膝の手荷物を白く被った。

何に譬《たと》えたらいいのだろう。台風。雨が音をたてて横殴りに降り、風に家がミシミシ揺れ、飛ばされるのではないかと、恐怖に震えた台風そのものだった。頻繁に体験した台風の暴風雨、その雨が砂に代わった。思わず目を閉じる。小さく咳き込む音がした。

地元の人も旅行者も、ほとんど会話はない。砂嵐というものを想像していなかっただけに、あまりにも突然のことで、頭のなかは真っ白で、何も考えられなかった。

バスが止まっていたのは三〇分くらいだろうか、とても長い時間に思われた。こういう場合は何をすればいいのか、祈ればいいのか、およそ見当もつかない。

勢力は衰えてもなお、砂交じりの風が強く吹くなかを運転手は何事もなかったかのように再びハンドルを握った。

前方にはオレンジ色の砂丘が大きくなって姿を現し、左手には岩石の高原、黒い砂漠（ハマダ）がぼんやりと見えた。バスは、しばらく

小さな砂嵐は常に起こる

ピストを走り、日干しレンガの四角い建物の前で四人を下ろして去った。

それは旅の途中で聞いた、アリさんのオーベルジュだった。反対側には小さなオアシスがあり、その後方には初めて身近に見るオレンジ色の砂丘が続いていた。砂嵐が去っても、砂は空を漂い、太陽が霞んで見えた。

誰もがこのようにして砂漠へ辿り着くのだろうか。とても長い旅の果てに、ようやく到着した念願の砂漠。これが砂漠の旅への始まりだった。

砂漠の家
――オーベルジュ、砂漠のホテル

「客人をお茶でもてなすのは、ベルベル人のホスピタリティーです」

アリさんの淹れるミントティーは甘く、砂嵐の後のパウダー状の砂が張り付いていているような感触が残る喉にはなんとも心地良い。ティネリールを遅れて発ったアリさんは、私たちが砂嵐で立ち往生していた間に追いかけ、メルズーガに到着した。

入り口に小さなカウンターのレセプション、中央に食事用の何組かのテーブルと椅子が置かれ、壁に固定された長椅子の上には使い込んだマットレスが敷かれている。スタンドに並んだ、砂が薄っすらと付着したポストカードはここでの唯一の売り物。ラジオから流れている

ベルベル人＊北アフリカからサハラ砂漠にかけての地域に古くから住むベルベル語を話す人々。紀元前は西のカナリア諸島までが居住地で、十一世紀から十二世紀にかけてベルベル系イスラーム王朝が北アフリカを中心に栄えた。

のは隣国のアルジェリア放送。アラブポップスの合間に、早口のアラビア語ニュースが読まれるが、固有名詞しか聞き取れない。

「今日は短かったけれど、砂嵐は長いときには一週間も続きます。今回はラッキーでした」

「まあ、初めて砂漠に来た誰もが、砂嵐と遭遇するわけではありませんからね」

嬉しそうに言うアリさん。笑うと年相応に若く見える。過ぎてしまえば貴重な体験として笑っていられるけれど、晴れていた空が一瞬にして砂嵐に変わった、あのときの驚きと興奮は忘れることはできない。

砂嵐は治まっても、時折突風が吹き、砂が雨のように、窓ガラスに音をたてて当たった。外から入るとオーベルジュのなかはひんやりとして心地好いが、壁にかかった温度計は四〇度を指したまま動かない。閉め切った室内で、お茶を飲めば一気に汗は噴き出すが、天井から下がった扇風機の風がその暑さを少しだけ和らげた。

「部屋には荷物だけ置くことになるでしょう。夜はここでは眠れないと思います。日中の気温を保ったままですから。屋上のほうが涼しいです。反対に、昼は外の気温よりは低いですから、こちらで昼寝がで

次ページ＝砂嵐の後、パウダーのような砂が漂う

きますよ」
あの暑いだけのワルザザートで、バルコニーで眠ったのは正しかったことになる。
私はそう多くないが、旅をしてきて安ホテルへ泊まったことは多々あるけれど、屋外で眠った経験はない。それが、バルコニーに次いで、今夜は屋上らしい。
レストランを備えた砂漠のホテル、オーベルジュは、木の骨組みの上に、砂と水を捏《こ》ねた泥で造られている。泥を固めて干した日干しレンガで厚い壁を造る。砂漠に棲む小動物たちが日中の暑さを避けるために砂のなかにもぐるように、人も同じように大地と一体化した土の家を造り、住む。

南エジプトのヌビア出身の知人を思い出した。ヌビアの人たちが住んでいたのも、同様に日干しレンガでできた家だった。かつてエジプトは数千年にもわたりナイル川の洪水による恩恵を多大に受けてきたが、近代化や人口増大による水不足と安定した水の供給を願い、アスワンハイダムを造ることにした。それにより、ナセル湖に沈む運命だ

河原で日干しレンガをつくる（ブルキナ・ファソ）

ったアブシンベル神殿などはユネスコの援助で、現在の場所に移築されたことはよく知られている。だが、他のたくさんの遺跡とともに、そこで暮らしていたヌビアの人たちの家も水没する運命となった。このとき、まだ若く、学生だった知人はダムの反対運動をしていたらしい。結局は、世界中の注目を浴びてダムは造られるのだが、彼らの住まいは移され、代わりに与えられたのは、コンクリートの家だったと言う。

「わかりますか、あの暑い場所で、土の家じゃないんですよ」

そのとき、私はすぐさま同意したが、実際に知っていたわけではなく、本で読んで得た知識だった。

日本の家屋も、現代ではとても贅沢なこととなったが、少し前まで、木を骨組みにして、竹と土でできた家に住み続けてきた。夏の日、外出から戻ったときの、家のなかのひんやりとした空気は今も記憶に残る。

砂の大地に、砂の家。いちばん身近にあるもので造ってこそ、砂漠では自然で快適な住まいであることが実感できる。

ナツメヤシの葉でつくった典型的なサハラスタイルの家。奥のテントも住居で、モーリタニアではカイマという

その後、砂漠を旅するようになって、何度かノマド（遊牧民）を訪ねたことがあった。小さな窓と石油缶を再利用したブリキの扉のついた小さな日干しレンガの家が、砂漠のなかにポツンとあった。当てにしていた井戸がなくなっていたときも、軽い砂嵐のときも、そんな家へお茶で迎え入れてくれる彼ら。家畜の餌を求めては遊牧し、テントを張るノマドもいるが、基本的な荷物を保管していることもある。

それもさまざまで、テントや砂地に一時の住まいをナツメヤシの葉で造った家もある。ナツメヤシの家は直射日光を遮りはするが、周囲の熱くなった砂が気温を上げ、日干しレンガの家ほどの快適さは望めない。それでも、灼熱の砂漠に放り出されるよりははるかにいい。私はラクダに揺られて砂漠を移動し、そこへ到着したときには、滑り込むようにして座り込んだ後、水で濡らしたターバンで体を覆い、暑さでいつの間にか止まった腕時計のように、しばらく横たわるしかなかった。

夕食後はアリさんを中心に太鼓、タムタムの大演奏会になった。とりわけタムタムのうまい人は尊敬されるが、砂漠では誰もがミュージ

オーベルジュの屋上で眠る

シャンになれる。即興の、終わりのない演奏がいつまでも続いた。

何もかもが初めてで、私のなかの箍《たが》が外れていく。

バスが川へ飛び込んだ事故と突然の砂嵐。十分過ぎるほど変化に富んだ一日の締めくくりに、待っていたのはすばらしい星空だった。

マットレスを持って、土の階段を上ると、広い屋上になっていた。

サンダルで歩く足の裏まで、土の感触が伝わってくる。

マットレスの上に横になると、天の川が空一面に広がる。

「プラネタリュウムみたい」

誰もが言う。

流れ星がいくつも尾を引いては消えた。

そんな夜空をいつまでも見ていたい欲求よりも、眠気のほうが強かった。

オアシスから聞こえてくるカエルの鳴き声以外は、まったく音のない砂漠の夜に、私は大地のような屋上で、深い眠りにおちていった。

壁に並ぶ太鼓

オアシス

メルズーガはモロッコの南のサハラ砂漠のなかにある、比較的大きなオアシスの村。

初めての砂漠の旅で、私はバスの事故と砂嵐に導かれて、この村のオーベルジュに泊まったのだった。それも、土の宿の屋上に。

屋上でぐっすり眠り込んでいた私は、突然の光と小さな音で目が覚めた。目を開けると、淡い水色の空が真上にあった。そのなかに消え入りそうな白い月が浮かんでいた。そして、朝陽が眠っていた私の上に達していたのだった。

音のするほうを見下ろすと、少女たちがロバの背に乗って、通り過ぎようとしている。カラフルな衣装の少女たちと、カラフルなプラス

次ページ=ロバに乗って水汲みに出かける子供たち

チックの水入れを括りつけられたロバが、砂色の大地に鮮やかに浮き上がった。近くの井戸に水汲みに行くのは、まだあどけなさの残る少女たちの日課のようだ。

太陽は昇り始めると速い。姿を現したかと思うと、鋭い光を放ち、眠っていられないほどに気温も上がってくる。

ゆっくりと朝食をとった後、バスの事故と砂嵐を共同体験した四名の日本人は、オーベルジュの主のアリさんとともにオアシスを歩いた。

「よく眠れましたか」

アリさんが、畑のミントの葉を摘みながら訊ねる。

私たちは星の美しさに感激したことと、いかに快適に虫にも刺されずに眠れたかを話す。

「ここには蚊はいませんよ」

気温が四〇度以上にもなれば、蚊も生きてはいられないのだろう。オーベルジュの前のナツメヤシの林に小さな葉をつけた木々が植えられ、畑にはミントやロバの餌になる植物が茂る。しばらく木立を見ていなかったせいか、気持ちが和む。植物の呼吸さえも聞こえてきそうな気がする。オアシスには小川のように、畑の周辺に水を巡らす水路

砂漠のオアシスを流れる水路

が引かれていた。透明な流れには、昨夜、鳴き声を聞いたカエルが何匹も足をのばし、名も知らない稚魚までが泳いでいた。手を入れると、わずかに冷たい。木の下では水だけは体温よりも低い。

水路を辿っていくと、井戸があり、少女たちがあのカラフルな水入れを周辺に並べていた。数人が井戸の水面に渡した板の上に乗り、濾過する布を張って、容器に水を汲んでいた。私たちを一瞥し、なんら愛想もなく、淡々と水入れを満タンにしていく少女たち。そのかたわらで待つロバはさらに冷ややかで、砂漠を向いたままの姿勢で完璧に無視して立っている。

砂丘の手前の高い鉄塔には水を貯めたタンクが載っていたが、それは砂漠の宿に泊まる私たちのような客が手を洗い、シャワーを使うための水道用であって、一般の村人は何度も往復して井戸の水を運ばなければならない。蒸発を防ぐために、水源から地下を通って村に引かれた水路の数箇所が、水を汲むことができるように地上に出ている。

この水運びは結構つらい仕事なのだが、その役目はいつも、子供か女性の仕事らしい。

アラビア半島の先端のイエメンだった。首都のサナアはもともと高

次ページ＝砂漠の夜明け　太陽は昇り始めると速い。鋭い光に照らされて、砂丘の色がどんどん変わってゆく。

地なのにもかかわらず、さらに岩山のてっぺんに住む人たちがいる。敵から身を守るために、眼下を眺望できることがその理由だが、毎日の生活は並大抵ではない。女たちは岩道を伝いながら下り、藻の浮いた貯水池から水を汲んで、重くなった容器を担いでまた登る。

砂漠に暮らすノマドの場合も、水の確保のため、たいていは井戸の近くにテントを張るが、もともと砂漠で水の少ないところなのだから、好条件ばかりとはかぎらない。ときには、往復二時間以上もかけて水を汲みに行くこともある。それも子供たちが、数個の小さな水入れをロバに乗せて何往復もする。

小さなオアシスを出て、アカシアの木を呑み込もうとしている砂地へ行くと、アリさんは砂を掘って足を入れる我慢比べを提案した。日本でも温泉地に似たものがある。横になって砂をかけてもらい、温泉の熱を含んだ砂でサウナ効果を得るものらしいが、経験したことも見たこともない。ここの場合は、じっくり汗を流すというものではなく、とんでもなく熱かった。私は、最初に脱落した。低温火傷の一歩手前のように、足は見事に真っ赤になる。最後まで我慢すると、砂のなかの足からは汗がにじみ出て、汗とともに老廃物が流れ出るということ

ナツメヤシの葉で組んだ柵。容赦なく押し寄せる砂に埋もれつつある。

になる。

それよりも、このときの肌を刺すような暑さといったら、尋常ではない。温度計は五〇度を振り切り、離れていた。私はこのとき以来、砂漠へは、一〇〇度までの目盛りのある温度計を持参するようになった。それは、その後、何度も活用することになる。

オアシスの水路へ戻り、足を冷やすと、皮膚がすべすべしている、と言う。この「砂漠でエステ」を体験するためにやってくる人も多いらしい。普通の生活をし、汗を流している現地の人たちから見れば、これは暇な旅人のなんの意味も持たない、たわいもない行為に映っているに違いない。美しい砂丘に接近しているこの村では観光に携わる人は多い。村人はその恩恵を受けてはいるが、多くの人々はそれよりも日々の生活を維持することのほうが忙しい。

「でも、数年前、その体験中に亡くなった人もいるらしいよ」と、後で言われた。

オアシスの前に構えるオレンジ色の砂丘に続く砂地。砂は近くまで侵入してきている。ナツメヤシの葉で組んだ柵が、砂をせき止めようとして施されてはいるけれど、それでも砂に埋もれつつある。それは砂嵐のたびに深刻になり、強風でできる小さな砂丘も数年後には立派な山のように成長するのだという。このオアシスもいずれ、砂丘の一部になるのだろうか。

「そのときは、また移動すればいい。そこへまた家を建てるだけさ」

アリさんは嬉しそうに笑う。

幼いころによく見た夢のなかの、辿り着く寸前に消えてしまう蜃気楼のオアシスが、現実の風景のなかにほんの少しだけ姿を見せた初めての砂漠の旅。私はさらに砂漠の旅へ出る。

ロバ車で水を運ぶ
モーリタニアのヌアクショット

上＝ナツメヤシを呑み込むように押し寄せる砂（アイン・サフラ村）
下＝砂漠の朝、長い影を引くラクダたち。この景色も、押し寄せる
　　砂のためにすっかり変わってしまった（アイン・サフラ村）
前ページ上・下＝風が刻んだ風紋

ファラオのオアシス

―砂漠に眠る水

私の初めての外国への旅は、エジプトだった。

地中海に住み、地中海を書いたアイルランド系イギリス人の作家、ロレンス・ダレルの『アレキサンドリア四重奏《カルテット》』を読み、そこに描かれた混沌とした都市、アレキサンドリアに憧れを抱き続けての旅だった。まだ外国を知らなかった私はその旅がきっかけとなって、中近東やアフリカの旅、そして砂漠の旅へと至ることになる。

その後、幾度となく出かけたアレキサンドリアは、古代エジプトの遺跡が多く残るギザやルクソールの巨大な博物館のような観光の街とは違い、生き生きとした地中海の一都市として親しんだ。

マルサ・マトルーフ＊アレキサンドリアからバスで四時間ほどの地中海沿いの街。

スィーワ＊カイロの西南西五六〇キロに位置するオアシスの町。古代エジプトでは夕あるいはタイ、中世にはサンタリーヤと呼ばれた。付近にたくさんの塩湖がある。

そのアレキサンドリアへ、私は一〇年ぶりに向かった。カイロから砂漠道路を経て到着したアレキサンドリアの、変わることはない空と海の青さに心は躍った。ダレルが住んだころのコロニアル風のホテルもまだ健在で、広いバルコニーからはアレキサンドリアの白い街が朝夕の陽を受けて、ピンクに染まるのが見えた。

アレキサンドリアからさらに西に行けば、まばゆいほどに真っ白な浜辺が続くはずだった。ところが、久々に見た地中海岸には、マルサ・マトルーフまで続くのではないかと思うほどに巨大な別荘地帯が広がっていた。以前よりも確実に増えた物乞いを目の当たりにしただけに、複雑な気持ちになる。

私はバスでマルサ・マトルーフを経由して、スィーワ・オアシスを目指した。マトルーフから南西にのびる砂漠道路が何年か前にでき、簡単に行くことができるようになったと聞いたからだ。スィーワはサハラ砂漠の東、エジプトの西部砂漠のなかにある大きなオアシスの街で、アレキサンドリアから発つと九時間以上の行程だが、私が興味を抱いたころは滞在に制約があった。当時（一九八〇年代）、緊張関係にあった隣国のリビア国境にあまりにも近く、軍事施設もあったからか

アザーン＊モスクのミナレットからアラビア語でなされる礼拝（サラート）の呼びかけ。礼拝は一日五回、イスラーム教徒の義務。

もしれない。

バスは砂漠道路へ向きを変えると、一軒のカフェがあるだけで、砂丘も、岩山もない砂漠のなかの道をひたすら進んだ。夕日が砂漠に吸い込まれるように沈んでも砂漠を走り続け、ようやく街らしい灯りが見えると、モスクの緑色の光があたりを照らし出し、アザーンが聞こえた。バスは広場で、満杯の乗客を降ろした。

「ようこそ、スィーワへ」

ロバ車に乗った少年が現れ、私の荷物を持った。車にはマットレスの敷かれた客席が設えてあり、日よけ用の屋根が付いていた。これが、スィーワを走るタクシーだった。

「ホテル、予約してあるの？　この季節はどこもいっぱいだよ、ほら、今も、フランス人のグループが着いたでしょ」

西アフリカでよく見かける、四輪駆動車に乗った数人のフランス人が、私の予約したホテルの前で降りた。高級ではないが、木々に囲まれ、プールも備えたホテルだった。

スィーワはほとんど雨の降らない砂漠のなかにあり、ファラオの時代から重要なオアシスの街だった。湧き水と太陽の恩恵を受けたスィ

上＝アレキサンドリアの市街
下＝地中海と白い砂浜（アレキサンドリアにて）

ーワは、大粒の実をつけたナツメヤシやオリーブの枝が道まで張り出し、豊かな畑が広がる。

　スィーワの中心に位置する、旧市街のシャーリーには砂の砦《とりで》がある。砂と塩で固められた堅牢な砦で、モスクも備えているが、今はわずかの住民と家畜が住む。砂漠のなかの豊かなオアシスとして、常に侵略の歴史を経てきた人々の造り上げた砦だった。ここに登ると青い湖や白い塩湖が見え、スィーワの豊な緑が終わる縁からは砂漠がどこまでも続いていた。

　古代エジプトの遺跡を残すスィーワだが、住む人々の多くはエジプト人ではなく、ベルベル人である。彼らは今でもベルベル語を話し、食事もマグレブの人たちと同じようにクスクスを好む。

「私たちの祖先はアルジェリアから来たと言われている」

　この街に住む誰もが言う。

　私は砂の砦に、お土産店を経営するモハメッドとともに登った。彼の店でカラフルな毛糸のボンボンの付いた蓋付きのカゴを買い、お茶をごちそうになった。それは、モロッコのリーフ山脈の人々の被っていたソンブレラにとても似ていた。

マグレブ＊「日の没するところ」の意味で、モロッコのアラビア語（アル・マグレブ）名でもあるが、一般的にアフリカ北西部、モロッコ、アルジェリア、チュニジア三国の総称。

ナツメヤシに囲まれたスィーワ・オアシス

「うん。それも、ありえるね、モロッコもアルジェリアに近い」
スィーワに関する本はたくさん出版されている。その後、私がカイロで買った本には少し前のスィーワの写真が載っていた。髪形だけはアフリカの三つ編みスタイルだったが、やはりリーフ山脈の人たちと似た服装だった。そんなに古い時代のものではない。私がスィーワ・オアシスに行きたいと思ったころの写真が、それだった。

次の日も、私を乗せたアハメッド君にロバ車を予約した。彼はまだ小学生。英語は観光客から習ったというが、会話に支障はないだけでなく、金銭交渉まで巧みにこなす。

「あの人何をしているの？」

遺跡の斜め前の日よけの下でずっと眠っている男を見て、アハメッド君に尋ねた。

「あの人？　遺跡を見張っている観光省の人だよ。さあ、彼はエジプト人だから。一週間ごとに、人が変わるよ」

ある人は、塩湖のポスターを指しながら、

「この風景は今とは違うね。ここ、この美しい白い塩湖のところに道

上＝クレオパトラの泉、ナツメヤシを映し
こんこんと湧き出るスィーワの宝。
前ページ＝豊かな木陰をつくるナツメヤシ

たわわに実をつけたナツメヤシ

路を造ったんだよ、エジプトが、観光のために。観光のためなら彼らはなんでもやるのさ」

エジプト人と同じアラビア語を話し、エジプト人と同じ服装で歩く、スィーワの人々。砂漠のなかのオアシスとして観光開発が進み、スィーワでも観光に携わる人も多い。アレキサンドリアまでいたる砂漠の道路ができ、定期バスが運行したことで、陸の孤島で暮らしていた人々の生活も大きく外へと開かれた。けれど、彼らはエジプト人とは一線を引きたいらしい。

サハラ砂漠の下にはおよそ八個の巨大な化石帯水層があるといわれている。それは地下の非透水性の地層の上にあり、長い時間をかけて地層に蓄えられた水。古生代から中生代の、透水性の砂岩の厚い層からなる地層に閉じ込められた水が地上へ湧出している。石油燃料と同じく、数千年を経なければ供給されない化石水である。いわば、帯水層は数千、数億年の地球の循環から生み出された巨大な地下の貯水槽で、数万年前の多雨期や氷河期の水を蓄えている。

エジプトにある大きなオアシスはこの化石帯水層で潤ってきた。しかし、技術の発達とともに電動で汲み上げたり、大規模な土木工事で導水したりして、地上に汲み上げられるその水量は急速に増えている。スィーワの水は温泉のように自噴井だが、使用された量だけ確実に地下の水位は低下する。ほとんど降雨のない砂漠では、再び供給されることも蓄積されることもない。使用量は、かつてとは比較できないほどに多いはずだ。急激な観光化のなかで、スィーワの人々のアイデンティテーは維持できるかもしれないが、湧き続ける水は無限ではない。

アレキサンドリアに帰るバスから見る青い水を湛えた地中海と、スィーワの泉が重なった。水底から糸を引くように次々と水が湧き上がり、水面に幾つもの輪を描いていた「クレオパトラの泉」と呼ばれるエメラルドグリーンの美しい泉が、地中海のように変わらずにあることを願いたい。

前ページ＝オレンジ色に輝く砂丘、エルグがどこまでも続く砂漠

砂漠はなぜできるのか、できたのか

砂漠を初めて見たのは、上空からだった。バハレーンで給油した飛行機が真っ青な空に飛び上がると、眼下に、朝陽を受けてオレンジ色に輝く砂漠が広がった。どこまでも続く青とオレンジ色だけの風景を見ていると、飛行機が静止しているかのような錯覚に陥る。アラビア半島の砂漠だった。

そのときの強烈な印象の砂漠が目の前にあった。一筋の雲もない青い空と、オレンジ色の砂漠が足元から広がった。砂浜とは明らかに違う重量感のある砂は、ときには触れられないほどに熱く、ときにはそのまま眠ってしまいたくなるような冷ややかさになる。朝の砂丘を素足で歩くときの砂の感触の心地好さはいつまでも足の裏に残った。

降雨量＊砂漠の年間降雨量は二五〇ミリ以下という。

砂が波しぶきのように上がる砂漠の走行

サハラ砂漠と砂。砂漠はどうしてでき、砂はどこからくるのか、この不思議な疑問が頭のなかを巡った。

砂漠とは雨があまり降らず降雨量よりも蒸発量のほうが多く、恒常的に乾燥状態にある地域をいう。植生が乏しく、農業に適さず、人の居住もむずかしい。

このような砂漠をつくり出しているのは、地球を巡る大気の影響によるところが大きい。地球を取り巻く空気は赤道付近から上昇し、対流圏で、赤道から極にかけて大きな空気の流れ、「大気の大循環」をつくり出している。最も太陽の熱量を受ける赤道域で温められた空気は上昇し、圏界面まで上昇すると、南北へ向かう大きな流れになり、赤道域のそれぞれ、緯度二〇度から三〇度付近の領域で再び地表に向かって吹き降りてくる。そして、それがまた温められ、上昇する。

雲ができるのは空気の上昇するときで、赤道付近が雨の多く降る熱帯雨林の地域となる。ところが、空気が降下するときには雲ができない。下降気流は強力で、空気は温められ、水分も取り込まれてしまう。その領域が緯度二〇度から三〇度付近にあたり、中緯度高圧帯（亜熱帯高圧帯）と呼ばれる。現在のサハラ砂漠や世界の砂漠の多くはここ

上＝見渡すかぎり続く断崖絶壁のアトラス山地
下＝モーリタニア北部のアドラール地方の岩石砂漠

海に流れ出す砂漠、
モーリタニアのバンダルゲン

チャド湖*アフリカ大陸のほぼ中央にある湖で、その水位により湿潤、乾燥を知ることができる。
一万年前には、カスピ海の三倍ほどの湖面面積があったという。

に位置し、降水もなく、気温が高い。したがって毎日乾燥した晴天が続き、地表は乾燥する。

南極や北極の氷床の成長によっても、気候は影響を受け、砂漠は移動してきた。ヨーロッパ大陸の晩氷期にあたる一万二〇〇〇年前ごろから、気候の温暖化に伴い湿潤な地域が拡大した。砂漠には多量の雨が降り、豊かな緑に覆われ、チャド湖を初めとする多くの湖や河川の水位は上昇した。岩石砂漠のなかの岩絵に動物が描かれたように、陸上動物や水生動物も生息していたときもあった。たぶん、現在のサヘルやサバンナに似ていたのかもしれない。この緑のサハラの時代も、四五〇〇年前ごろに終わり、現在に至るまで乾燥化は続いている。

気候だけが砂漠をつくっている原因ではないが、さらに砂漠は拡大してきている。砂漠とは、石が少ないところではなく、水の少ないところ、〝沙漠〟という表現のほうが本当は的確かもしれない。

そんな砂漠も、砂丘をイメージとする砂砂漠は、砂漠全体からするとほんのわずかで、ほとんどが岩石砂漠や礫《れき》砂漠と呼ばれる砂漠のほうが多い。

サハラ砂漠の西に位置し、国土のほとんどを砂漠が占めるモーリタニアでは、海原のように砂丘が連なり、砂は大西洋まで流れ出しているが、北部のアドラール地方は岩石の台地に重なり合った巨大な岩々、断崖絶壁の山地が続く。そこにはほとんど草木の茂る土壌はなく、露出した岩石に、地球の歴史が刻まれた断層や鉱物までを見ることができる。頂上に岩が載ったような奇妙な姿の岩山や巨大で平坦な岩の石畳は、地層の軟らかい部分から砂まじりの風に削り取られたり、磨かれたりしてつくり出された。そんな砂漠を「岩石砂漠」といい、サハラ砂漠では「ハマダ」と呼ぶ。

　岩石砂漠は、さらに形を変えていく。砂漠では昼夜の大きな温度差が岩石に膨張・収縮を起こし、亀裂や割れをつくる。破壊された岩石は細かく割れ、風化し、崩れ落ち、礫になる。「礫砂漠」はこうしてできた礫で覆われた平坦な地形で、サハラ砂漠では「レグ」と呼ばれている。

　さらに礫が細かくなったのが砂。風化した砂漠の砂は強風で飛ばされ、このときに粒子がぶつかり合い、角が取れ、丸みを帯びて、さらに細かくなる、これが「砂砂漠」になっている。起状の少ない砂原と、起状のある砂丘がある。サハラでは「エルグ」と呼ばれる砂丘のオレ

砂漠の温度差＊夏には日中六〇度近くなり、夜は一〇度くらいになる。冬では日中四〇度近くなり、夜には零下にもなる。

砂＊粒子の大きさ（粒径）で、礫が直径二ミリ以上、粗砂が二〜〇・二ミリ、細砂が〇・二〜〇・〇二ミリを基準にしている（国際土壌学会による）。

上＝礫砂漠の斜面、ここを登った台地上にアレール村がある（モーリタニア）。
下＝強風に礫砂漠の台地を砂が走る（アレール村）
　砂はこの台地が終わる崖下の砂の海へと積もる。
次ページ上＝重みで崩れる砂。小動物の足跡が残る。
　下＝果てしなくオレンジ色の砂丘が連なる砂漠

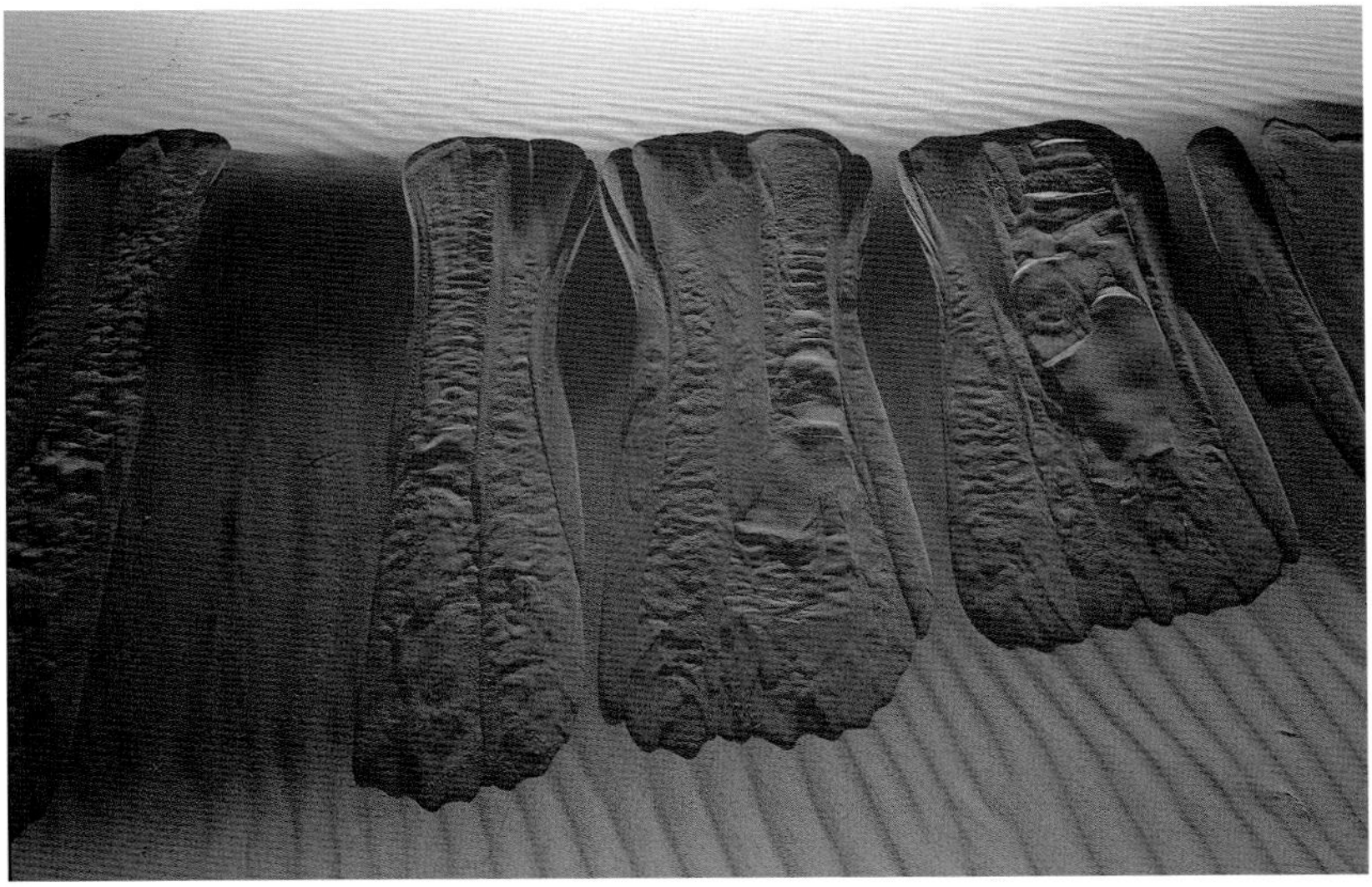

巨岩を載せた岩山（モーリタニア、アドラール地方）

ンジ色はひときわ美しい。このオレンジ色に輝く砂は岩石に含まれた酸化鉄の色によるが、その量によって赤から黄色に色づく。砂砂漠が太陽の光を受けて、きらきらと輝いて見えるのは、ガラスの原料になる鉱物、石英の粒子が砂をつくっていることが多い。砂漠の砂に独特の重量感を覚えるのも、納得できる。

風に運ばれた砂は積もり、砂丘に成長し、風の方向、風の強弱、砂の供給量によりさまざまな形態をつくり出す。砂漠のイメージとして思い浮かべる、連なる砂丘は、バルハン型砂丘（三日月状砂丘）と呼ばれ、一定方向に吹く強い風によって、つねに形を変え、ゆっくりと移動している。強い風で押し上げられた砂が風上で崩れ落ち、落ちた砂が積もり、また丘をつくり、押し上げられる、というように移動する。これを上空写真から見ると、さながら砂丘は村ごと呑み込みそうな巨大な怪物に思えてくる。

砂漠の村で、ＮＧＯで滞在していたときのことだった。砂漠を走行中に車が横転し、ノマドに助けられ、ラクダで一週間かけて村に辿り着いたフランス人グループがいた。砂丘を走る彼らの車は、砂の動きとは反対の、風下から風上の方へ向かったからではないかと、現地の

礫砂漠を走る。鋭い石でタイヤが傷つくこともある。細心の注意がいる。

人たちは話していた。それにしても、気温五〇度を超える砂漠で、ノマドに発見されなかったならば、彼らは村で悠長にトランプなどしていなかったはずである。

サハラ砂漠の巨大に成長した砂丘は、西の大西洋岸と南のサハラの縁、サヘルへ少しずつ移動しているのは確実のようだ。

移動しないのは星状砂丘で、あらゆる方向から風が吹き上げるために、砂が積み上げられ、大砂丘となり、砂漠を行く人々の目印になっている。モロッコで、砂漠をラクダで移動しているときに、「美しい」という名前で呼ばれる大きな砂丘を見た。三〇〇メートルもの高さの砂丘だが、何度教えられても、砂丘ばかりを見て歩いた後には見分けがつかなくなる。

砂漠では風が見える。

砂丘を撫でるように吹く風は砂を飛ばし、稜線を削る。激しく吹く風は砂を舞い上げ、頂上から滝のように落とす。砂砂漠を吹く風はいつの間にか足跡を消してしまうと、日本の石庭のように美しい風紋をつくる。

軽い砂粒が飛ばされ、重い砂粒が残り、連続模様になる。風の向き

上＝白い砂漠
下＝バルハン型砂丘が続く赤い砂漠
次ページ＝風がつくり出した風紋

これも砂漠、砂漠は雨の降らない土地

や砂粒の種類によって、移動する太陽の光によって美しい陰影をつくり出す。それは砂漠に描かれた光と風と砂のアートの世界でもある。

砂丘に横になり、斜面に体を預けて、遠くの砂丘を見る。砂の下はどうなっているのか知りたいと思う。低くなっているところにナツメヤシの木が並んでいれば、そこは谷か川だったかもしれない。一本の木が生えていたならば、そこに砂が絡まるようにして、砂丘になったのかもしれない。もしかしたら、砂の下には飲み込まれてしまった村があるのかもしれない。

それでも、砂漠は美しい。

とりわけ、空に白い月が浮かぶころの、朝と夕暮れは砂丘の陰影が美しい。砂時計の砂のように細かな砂は、手ですくい取ると指の隙間から流れ落ちる。それを飽きることなく、何度も繰り返しながら、なんと遠くまで来たのだろうか、と思う。

砂漠の舟

――ジミー・ヘンドリックスに乗る

暑い日中を避けて、午後遅くから出発するラクダの旅は、オアシスが遠ざかるにつれ、空と砂漠だけになる。雲、一筋ない青い空の下、ラクダの背に乗って見る砂漠はどこまでも続く砂の海原。沖に泳ぎ出たときのように不安になる。それは、眩暈がしそうなくらい砂だけの世界だった。

砂の海を行く舟はラクダ。足袋を履いたような、大きな肉厚の足で楽々と砂丘の稜線を進む。上りはまだいいが、急勾配の下りは自分自身の身体を支えなければラクダから落ちてしまう。鋼のように強く、長い脚は側対歩する。同じ側面の前後肢を同時に出して歩き、乗り手

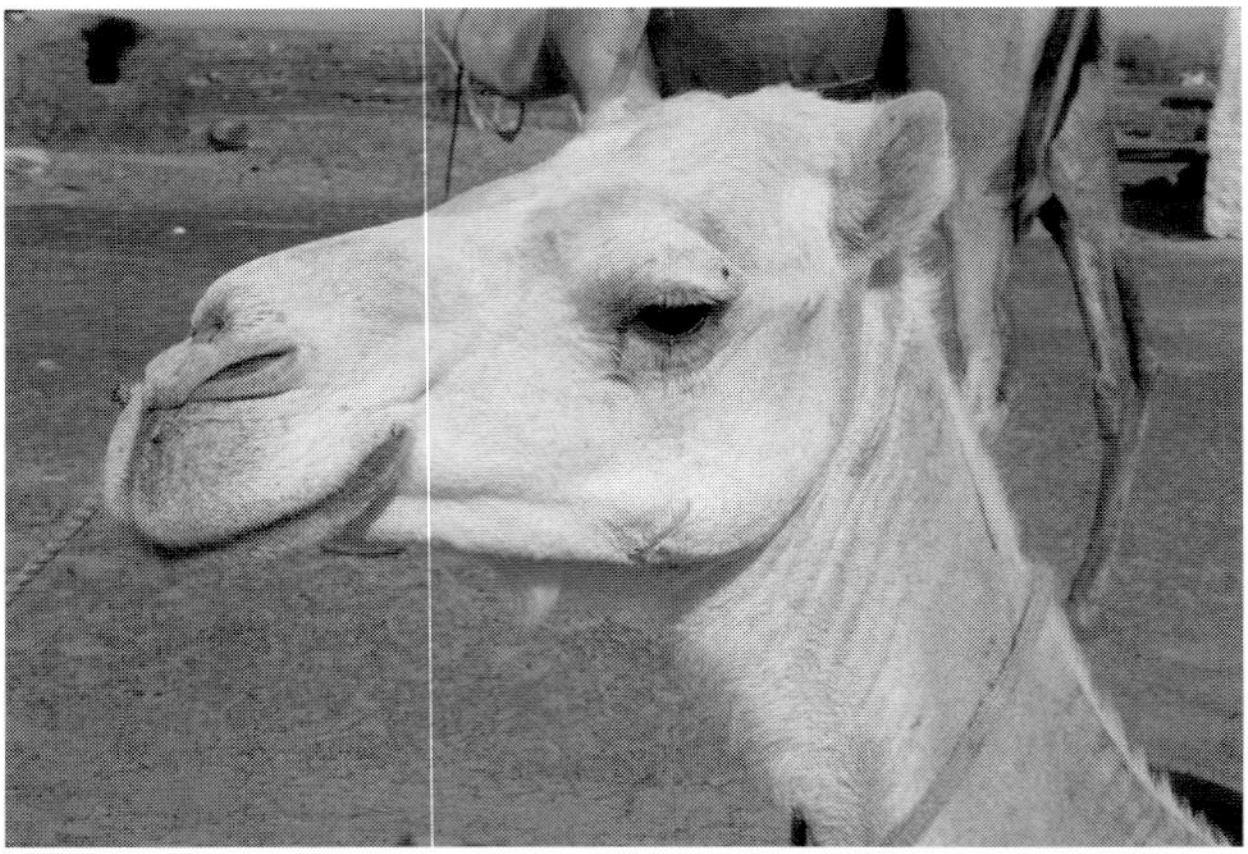

モーリタニアのラクダは美男が多い

の身体を大きく揺らす。そんなラクダの動きに慣れてしまうと、背の上でも巧みにバランスが取れるようになり、マニュアルカメラのフイルムの出し入れも容易にできるようになる。

私の乗るラクダの名前は、ジミー・ヘンドリックス。すまし顔で、リズミカルに首を上下に揺らして歩く。「とてもいいラクダだ」。ラクダのオーナーで砂漠案内人のアリさんとラクダ遣いのイブラヒムは言うが、確かに、そう理解できるようになる。

砂漠の海を行く旅人四名は、各々の選考理由でラクダに乗った。男はやはり気性の荒いラクダをあてがわれる。父の顔に似ているから、小柄な体格にはラクダも小柄がいいと。最終的に残ったのが、アリ家のナンバーワンのジミー・ヘンドリックスだった。それ以来、私の乗るラクダは「ジミヘン」になった。今は亡きロックの大天才ギタリスト、ジミー・ヘンドリックスをモロッコの人たちは大好きなのである。ちなみに、ミュージシャンのジミー・ヘンドリックスは先代のモロッコ王にも招待され、王の前で演奏をしている。モロッコの砂漠ではどんな楽器であれ、演奏のうまい人は尊敬される。だから、お気に入りのラクダに、ジミー・ヘンドリックスという名前がついたのかもしれ

器用に脚を折っておとなしくすわる

ない。

アリさんがベルベル語の歌を歌いながら、ジミヘンの手綱を持って先頭を歩く。どんな内容の歌なのわからないが、日本人が砂漠で歌うむずかしい音階の「月の砂漠」に比べたら味がある。砂漠を知るようになると「月の砂漠」の歌詞は現実からは遠い世界に思える。そんな歌など聴きながら、ジミヘンの後ろに他のラクダも続いてくる。

ラクダはたいていグループ行動をとる。砂漠の放牧から四、五〇頭が群れを成して帰ってくるのに遭遇したことがある。遠くの砂丘から現れた小さな点が、少しずつ大きくなり、目の前を流れるように大群のラクダが大股で通り過ぎて行った。美しい夕暮れの砂漠だった。

しかし、幾度かラクダで旅をするようになると、変わったラクダとも出会う。途中まで乗せておきながら「もう絶対に乗せたくない」と拒否の行動をとるラクダがいた。なだめすかしたが、結局、ラクダ交換を余儀なくさせられた。その様子を静かに見守っていたのはジミヘンだった。ところが、三日後、砂漠の旅から戻ってみると、七、八頭で砂漠へ出発する一団のなかにそのラクダが嫌な顔もせずに加わって

ラクダの乗り方＊砂丘を登るときは、前方の支えを両手で持つ。下るときは前方と後方の支えを持ち、身体は後方へ反るようにする。

次ページ上＝夕暮れの砂丘にたたずむ
ジミー・ヘンドリックス
下＝砂漠の放牧から戻るラクダの群れ

いた。「二頭ではなく、もっと大勢の仲間と行動したい」という寂しがりやのラクダだった。

また記憶力もいい。不当な体験を強いられると、覚えていて、後で仕返しをされることもある。

ラクダの背は広い。だから両脚を広げ気味に乗る。持ち主によって鞍の造りかたも違うから乗り心地も異なり、お尻に血マメを作ったこともある。楽なのは鞍の上であぐらを組むことだが、つねに前方へ細心の注意を払い、すぐ降りられる体勢を整えておかないと地形が変わったときに危険が伴う。

「オチ、オチ、オチ・・・」

掛け声とともに膝の反対側を棒で軽く触れると、ラクダはゆっくり長い足を折って「ドサッ」と音をたてて座る。立ち上がるときは速い。このとき、しっかりとつかまっていないと頭から真っ逆様に落ちることになる。

私たちの小さなキャラバンが砂漠に長い影を落とし始めると、太陽が地平線に達していた。空は青みを消し、一番星が現れ、あたりの風景は赤く染まっていった。沈むときは一瞬だった。震えるように沈ん

足袋をはいたようなラクダの足

でいく大きな太陽を、砂丘の上から息を飲むように見た。

まだ、空が淡いピンクに覆われているうちに、オアシスへ急いだ。大きな砂丘の麓の小さなオアシスに到着すると、ラクダから降り、乾燥して枯れた小さな枝を集めて火をつけ、ラクダに積んできた鍋をかける。カンテラを灯し、星空の下での夕食が始まった。マトンのタジンは美味しそうな匂いをあたりに漂わせたが、移動中の暑さで水分を奪われたせいか、何よりも水分が欲しい。砂漠の夜は砂も熱を帯び、まだ気温も高かった。

食後には、アリさんのタムタムの演奏と歌が夜空に響いた。消え入りそうな焚き火から立つ白煙とともに、タムタムの音も星空へ昇っていった。

夜明け前、砂丘の頂上で目が覚めると、昨晩に登ってきた足跡はすっかり消え、まるで女性の身体が横たわるような砂丘が続いていた。その上に、夜のうちに放したラクダたちとイブラヒムが立っていた。ラクダは餌を求めて歩き回るが、前足を軽く結わえておくと、行動がかぎられ、探しやすい。たとえ行方不明になったとしても、ラクダの首に付けられた刻印で所有者がわかるようになっているという。広い

タジン＊北アフリカで好んで食べられるトマトベースのシチュウ。クスクスにかける。

モーリタニアで見つけた、ラクダのミルク、パックで売られている

砂漠だが、砂漠で行動している人たちのネットワークもある。

砂漠のように暑く、極度に乾燥した気候でも砂地を歩くことができるラクダは、もともと野生のラクダが家畜化されたもので、それ以降、砂漠の生活にはなくてはならない存在となった。交通手段のない砂漠の交易で果たした役割も大きい。

ラクダは立つと約二メートル、体重は五〇〇キロ前後もあるが、水や餌を飲まず食わずでも一、二週間は歩くことができる。

そのわけはラクダ特有のコブにある。およそ五〇キログラムもあるコブの中身は脂肪で、この脂肪を消費することによって必要なエネルギーを得ることができる。また代謝水と呼ばれ、体内に水をつくり出す仕組みも具えている。コブは背中に位置することから内臓を暑さから守る役割もしている。

ラクダは哺乳類ウシ目（偶蹄目）ラクダ科に属すことから、反芻《はんすう》動物で四つの胃を持ち（しかし、ラクダは第三と第四の胃の区別がほとんどない）、砂漠の刺《とげ》のあるアカシアやラクダ草をバリバリ食べ、後でゆっくりと噛みなおす。だから、いつも口を動かしている。

長い睫《まつげ》は砂嵐のときに、あの潤んだ瞳を砂から守るためにあり、小

首筋がかゆい（モーリタニア）

テオドール・モノ＊Theodore Monod「MEHAREES」ACTES SUD（フランス語）版

サハラではラクダは乗り物として、ヤギは器（皮袋）としても使用できる。皮袋には水を入れておく。

さな耳も、砂を防ぐ構造になっていて、意外と地獄耳。自由に開閉できる鼻は砂を入れないだけではなく、呼気を湿らせ、吸気を冷やして呼吸による水分の損失を抑えることができる。体温も気温の変化に合わせて変動でき、体内の水分を減らさないように、汗の量も少ない。排泄物も極力、少ない。尿として排出する水分を極力少なくするために尿は濃く、オリーブのような糞も小さい。この糞が砂漠で乾燥した後に燃料になり、ノマドにはラクダとともに大いに利用価値がある。

ラクダの妊娠期間がおよそ一年で、一頭出産すると聞いた。ミルクの味はやや薄く感じるが、栄養価は高い。暑い砂漠では傷みやすいので、サハラではヨーグルトにして保存する。モーリタニアでNGO活動をしているイギリス人の女性が、ラクダのミルクからカマンベールチーズをつくって商品化している。これがなかなか美味で、いずれ貧しい砂漠の人々の産業になればすばらしいと思う。

「砂漠の勝利者はラクダとヤギ」と書いたのは、砂漠の博物学者のテオドール・モノ。ノマドのいる砂漠ではたいていラクダとヤギが飼われている。

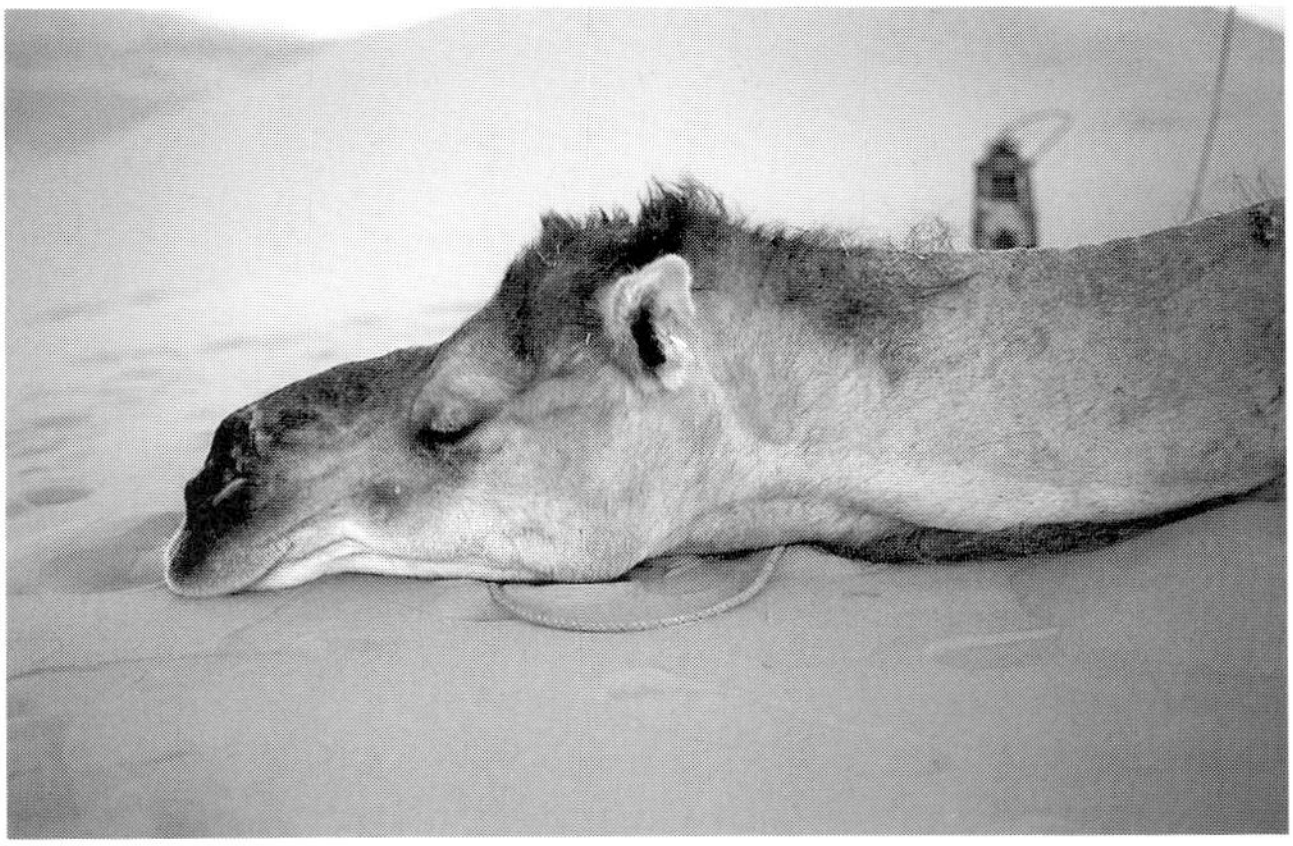

ジミー・ヘンドリックス

陽が昇り、朝食を済ませると一気に暑さはやってくる。お茶殻はラクダに与え、他は燃やして出発する。ほんの少しだけ荷物を減らして、またラクダに乗る。まるで決まりごとのように、ラクダたちが拒否の意思表示の声をあげ、歯をむき出してライオンのように唸る。開放感にひたった後だけに、抗議の声にも聞こえる。それでもジミヘンだけは、いつも冷静さを保っている。

快適な砂漠は朝のほんのひとときだけで、太陽の熱を受けて砂は熱くなる。陽が高くなるにつれ、あまり汗をかかないというラクダも、首筋に汗がにじんできた。コブを持たない私たちはそれ以上に暑い。砂丘に腰を下ろし熱くなったミネラルウォーターを飲む。ラクダは砂の上に脚を折って座り、長い首筋を伸ばし、まるで人がくつろぐときの顔を見せる。

「ここを撫でると喜ぶよ」

長く硬い首筋と、耳の後ろ、鼻筋を掻くように撫でると、ジミー・ヘンドリックスは気持ちよさそうに、目を閉じて、長い睫を下ろした。

137億年の夜

―星降る砂漠の空の下

夕日が沈むと、気温が少しだけ下がったように思える。ラクダに乗っての旅も慣れてしまうと、その単調な揺れが心地好い眠気を誘い、落馬ではなく「落駝」しかねない。そんなころに、砂丘の谷間の、数本のナツメヤシのあるオアシスに到着した旅の仲間、四人。

砂漠の夜は急ぎ足でやってくる。砂の大地が黒いドームに覆われ、砂丘は色を失い、ぼんやりとした輪郭だけを描いて横たわるなだらかな山脈になる。

夕暮れのまだ明るい空にぼんやりとした白い光を放っていた星は、

次ページ＝砂漠の夕暮れ　太陽が最後の光を放って西の水平線に沈むと、夜は急ぎ足でやってくる。

夜空に散りばめられたダイヤモンドの輝きに変わる。天の川は砂漠の果てから煙が立ち昇るように、淡い星の光が重なり合って白い帯になる。天の川をはさんで強い光を放っている大きな星は、七夕伝説の織り姫星と彦星、ベガとアルタイル。長い尾を引いて、夜空に消える流れ星。ゆっくりと機械的な動きを見せる星は、人工衛星。このときばかりは星の研究者か、星占い師だったらと、思わずにはいられない。それにしても、無数の星に埋め尽くされた空が一八〇度に広がる夜空は、私のどんな記憶のなかにもない。

砂漠で過ごす初めての夜は誰もが興奮する。カンテラを灯し、火を起こすと、炎は勢いよく空に昇った。私たちのいる場所だけがオレンジ色の炎に包まれ、皆の顔もオレンジ色に染まる。ラクダに積んできたシチュー鍋が火にかけられると、まもなく実だくさんのタジンの匂いが漂う。しかし、砂漠を移動した後の身体は太陽に水分を吸収され、食欲よりも水を欲している。カサブランカあたりのおしゃれなレストランだったらならば、美しい皿に盛られてワインといっしょにありがたく味わっていただろうに。

「もっと、もっと食べて」

マトンとジャガイモの大きな塊がお皿に追加される。水を飲みつつ、口に入れたが、食べ終わった後のお茶を飲むことだけを考える。ゴボゴボ、音のするほうを振り返ると、座るのに疲れたラクダたちが立ち上がって、反芻《はんすう》していた。私たちは、食後のメロンをむさぼるように食べ、甘く熱いミントティーを味わった。

「静かだねえ」

誰かがつぶやいた。それに応えるように、火のなかの枝が小さく爆《はぜ》ぜた。

風も吹かなければ、昼のように熱風が流れることもない。砂漠の夜は星だけが饒舌に瞬く。

「さあ、この砂丘を登ろう。少しでも高いところへ登らないと暑くて眠れないよ」

思わず、目の前に山のようにそびえる砂丘を見上げる。砂地を歩くだけでも、砂に足をとられて苦労するというのに、こんな夜更けに砂だけが積もった山を登るのだと言う。

私は登山の経験もなければ、雪山も知らない。たぶん、雪山では足を一歩踏み出せば、足は落ち着くところに着き、次の一歩も可能だろ

暑さを避けて、夜の砂丘を登る

う。ところが砂は違う。登るはしから斜面が崩れ、流れ落ちてくる砂に膝まで埋もれ、押し流される。次第に靴が砂でいっぱいになり、足は重くなる。両手は宙をかき、すべて二本の足だけが頼りになる。一メートル登れば、四〇センチは押し戻される。息は荒くなり、心臓は高鳴り、足はがくがく振るえ、膝が笑う。声を上げればその分息苦しい。次第に足は筋肉痛で持ち上がらなくなるが、立ち止まると、冷ややかで重量感のある砂が流れ落ちてきて、行く手を阻む。一気に登れば楽なのはわかるし、その気持ちは十分あるのだけれど、身体が追いついていかない。

たとえサソリや蛇に遭遇しようとも、二度とこんな経験はしたくはないと、このときは思った。登りつめると、今度は縦走だった。砂丘の稜線から稜線を移動する。そこでも足元から砂が崩れ、片足が落ち、身体の平衡バランスを保つのに苦労する。先発隊は、すでに目的の頂上に到着して手を振っている。

なんとか頂上につくと、一気に汗が流れ出た。

砂漠に横たわると、砂が身体をそのまま受け止め、最も身体に良いベッドになる。胸の鼓動がおさまると、音のない世界がやってくる。

右の肩から左の肩まで夜空が広がり、満天の星が近づく。星も一際、大きく瞬く。目を凝らすと、流れ星が鋭い光を放って一瞬にして消えた。流れ星の見えている間に唱えた願いごとが叶うのならば、私は億万長者になるはずだった。

心地好い砂の感触に地球の誕生を、きらめく星に宇宙の不思議を思う。四六億年前に生まれた地球で、一三七億年の宇宙を見る。血液が全身を流れる音と星の瞬きとが同調し、人もこの宇宙の一瞬を生きていることを考えずにはいられない。こうして思い巡らせながら眠れることの幸せを、私は全身で感じることができる。

そんな一夜の幸福のために、それ以降も、何度も、砂丘登りに挑むのだった。

眠れる砂漠の美女

―眠気を誘う砂漠

「なんで、こんな暑いときにいつも来るの」

砂漠に行くときは夏が多い。快適に砂漠を旅することができる季節は冬だが、日没が早く、行動時間がかぎられ、夏のような開放感がない気がする。

なによりも私は夏が好きで、乾燥していればなおさら嬉しい。暑いところへは暑いときに行くべきと、思い続けてきた。しかし、その暑さにも適温というものがあることを、身をもって知ることになる。

それは、二度目の砂漠の旅から始まった。

夏の砂漠は、当然暑いので夕方からラクダで出発する。旅の仲間は

次ページ＝マーミードの砂漠　もっとも
つらい旅を経験することになる。

友人とアリさんで、モロッコのメルズーガから、私はラクダのジミー・ヘンドリックスに乗った。元気にオアシスへ到着したが、夕食時には疲れも出たのか、食欲はない。三人で食べる食事も寂しく、話題も途切れがちになる。それで眠くなったのだと思った。しかし、深夜の砂丘登りで眠気は消え、すっかり元気になり、また砂丘の頂上で朝を迎えた。

翌日の移動は、たくさんの砂丘越えがあった。真っ青な空、太陽の光を受けて黄金色に輝く砂漠がまぶしいが、肌を刺すような暑さは並みのものではない。

「途中で井戸があるかもしれないよ」

この言葉を信じて、朝の砂漠を出発したものの、水で顔を洗いたいというささやかな願いは叶えられなかった。暑いときの砂漠の移動時間はとても長く感じることが多いが、休憩を取りつつ砂砂漠を経て、礫《れき》砂漠のノマドの家族を訪ねたのはさほど時間は経過していなかった。

私たちは日干しレンガの家のなかで、甘いお茶をごちそうになった。そのうち、座っていられないほどの眠気が襲ってきた。気がつくと、肌が熱い。私と友人は、子供たちが二時間かけて汲んできた水を全身

81　眠れる砂漠の美女

に浴びて、夕方まで眠り続けた。それでも、眠気は続いたが、礫砂漠の夜は少しだけ気温も下がり、夕食はノマドの大家族とともにクスクスを美味しく食べた。

　それから、三度目の砂漠では、モロッコの南の礫砂漠と砂砂漠のマーミードを旅した。

　トァレグの青年アフマッドと友人とともに、ラクダで出発し、ナツメヤシの茂るオアシスの村を通り、ワジ（涸れ河）を経て車に乗り換え、オアシスへ辿り着くというコースだった。前日からの異常な暑さで、朝の出発はかなり応えた。結局、最も暑い昼食後の移動は不可能になり、ナツメヤシの木の下で直射日光を避けて眠ることになる。絶えず熱風が砂を舞い上げたが、どこでもいいから眠っていたいと思った。それでも再び暑さの残る炎天下を眠気を残したまま、小石混じりのワジをラクダで揺られた。

　夕食が始まった日没のころから、さらに強い眠気に襲われ、アフマッドの「ボナペティ《めしあがれ》」という言葉を何度も夢うつつに聞いた。私たちは眠りながらスプーンを握り、「食べる」、「眠る」を繰り返し、夕食を終えるのになんと三時間もかかっていた。

クスクス＊セモリナ粉を蒸してつくるパスタの一番小さいもの。

トァレグ＊サハラ砂漠一帯の国々に広く住む遊牧ベルベル人。かつて国境がないころは砂漠を疾走する民だった。精悍なイメージがある。

ラクダで出発（モロッコ）

朝、あたりが少しずつ明るくなりかけたころ、身体は本来の状態を取り戻し、散策する元気を得た。それはほんのつかの間だった。朝食を終え、ラクダに乗ると、空には赤い砂が漂い、熱風が吹いた。暑さに加え、鞍の座り心地の悪さに不快感は増し、その状態で、またワジを進んだ。そのうち、ランドローバが迎えに現れ、私たちは快適な走行で、立派な井戸のあるオアシスへ着いた。そこでも昼食を終えると、全身がだるく、睡魔に襲われた。つるべで水を汲み、頭から水を浴びては眠る、という行為を幾度も繰り返すのだった。

決定的だったのは、次に移動した、数組のノマドが滞在する砂砂漠だった。砂が滝のように流れ落ち、砂煙を上げる砂丘が見え、定められたテリトリーを見張るノマドの飼い犬が吠え立てていた。およそ、井戸は望めそうにない砂漠だった。遊牧生活の厳しさを思い知らされる質素でわずかな夕食でさえ、全身を襲う倦怠感で、ほんの少し手をつけただけだった。手持ちの水を頭に何度も流し、不快感を和らげようと試みたが、効果はない。眠いから眠ろうとすると、だるさで起きてしまう。そんな眠気とだるさが交互にやってくる。深夜になれば涼しくもなり、楽になるに違いないと期待もしたが、夜の一二時を過ぎても、気温は四〇度で止まったままだった。私は砂の上のマットに横になって、朝がくるまで浅い眠りを繰り返した。このときほどつらい砂漠の体験は、その後はない。

体温を超えると行動が制約されることは確かだが、この異常な眠気とだるさは、明らかに気温の高さと関係していることにようやく気づいたのだった。

そこで睡眠の研究者に聞いてみた。暑いときに眠りが誘引されるのは身体の休息よりも先に、脳の冷却が必要になるためで、脳の温度が上がってしまう危険な状態を防ぐことにあるという。その危険な状況下でノンレム睡眠が脳温度を下げる働きをしている。そして、「脳の睡眠は人間にとっては大切なことです」、と強調する。

ほとんどの生き物は、そのパターンは違うけれど眠る。脊椎動物は進化の過程で迅速な情報処理と機能調節のために専用器官として脳を構築し、神経細胞の中枢として身体の最先端（頭部）に押し上げた。この脳のための管理技術として、睡眠が登場する。睡眠を統御するのも、また脳なのである。

人はこの高度に発達させた大脳のために、睡眠をとらなければなら

睡眠の研究者＊世界的に有名なドイツのマックス・プランク研究所で最先端の研究をしている睡眠部門の部長職でもある友人、木村昌由美さん。

ノンレム睡眠＊大脳皮質があまり発達していなかった変温動物が、身体を休ませるために開発したのがレム睡眠で、意識の低下した状態で動き、身を危険にさらさないためである。ところが、大脳が大きく発達すると、身体を不動化させるだけでは体温を下げ、エネルギーを節約することができない。そこで新たな脳の管理技術として、大脳を休ませ、回復させる眠り、ノンレム睡眠が開発された。同時に付加価値として、レム睡眠も残った。レム睡眠は大脳をノンレム睡眠の状態から目覚めさせる眠りである。

ない。身体を休ませると同時に、脳を眠らせることはさらなる活動のためでもあるのだから。

ところが、最近では極度の眠気から少し遠のいた。暑いときは無理な行動をせず、身体を休ませるようにしているからだろうか。それは、砂漠に慣れたせいかもしれない。

ラクダも喉が渇く
井戸水を汲みに来ていた人におねだりして分けてもらった水を飲む。

振り切れた温度計

私の旅の必需品のひとつに、温度計がある。砂漠を旅する以前から、海外の旅にはいつも持参していた。

ところが、初めて行った砂漠で、気温が五〇度を超え、赤いラインが最後の目盛りから離れてしまった。それ以来、一〇〇度まで測れる温度計に換えた。

よくある質問で、砂漠の温度を聞かれることがある。三七度と答えると、たいていは驚かれる。でも、四二度と言うと、絶対行きたくない、と拒否の反応をされる。さらに、五二度と答えると、なに故そんなところにと、ほぼ呆れかえられ、変人扱いされる。

私は湿度のある地域へはできることなら、旅をしたくない。湿度が

灼熱の太陽に焼かれる砂漠

高いと、気が滅入り、気分が悪くなる。雨も多く降れば、身体もだるくなり、動きも鈍る。そういうところで生まれ、育ったから、いつかは脱出したいと思い続けていた。そこが中東であり、地中海であり、砂漠のあるアフリカだった。今は快適な旅を楽しんではいるが、できれば、いつかは暮らしてみたいと思うこともある。

真夏の地中海方面では夏の乾季に山火事がよく起こる。乾燥し尽くしている山林に少しだけ風が吹くと、木と木が擦れ合って摩擦が生じ、発火し、それが燃え出す。キプロスで見た山火事の跡は、一面が炭のようになった大地だった。砂漠はその極限で、焚き火のなかに投げ入れた生木も一瞬にして燃え上がる。湿度が高い日本と違って、乾燥しているから体感温度も違う。三〇度ならば心地好い暑さで快適に感じるが、三〇度以下の日陰にいたなら、しばらくすると上着が一枚ほしくなる。

しかし、気温が体温を超えたときはさすがに暑いと思う。露出した皮膚が刺すような暑さを感じたときは、たいてい気温は四二、三度を示している。そんなときの長時間の行動は危険信号が出て、身体を動かしたくなくなる。白いものが目を射るように反射し、暑さを助長さ

白い砂漠　太陽が反射して目を射る

せる。五〇度を超えると、ただひたすら、屋根のある場所でじっとしている他ない。

水はお湯になっているから、そのままインスタントコーヒーを入れてホットで飲める。砂漠に埋めた生卵は十分ほどで固茹で卵になった。ステンレスの鍋に水を入れて砂の上に置いてみたが、これは気温とほぼ同じで、砂温度にはならなかった。ペットボトルに布を巻いて水に濡らして立てておけば、気化熱で冷たい水になる。また、砂漠仕立ての霧吹きポンプに水を入れて、あたりに霧を散らせば、一瞬だが熱気も取れて、しばらくは本を読める環境もできる。ただし、気温が五〇度以上のときは、砂温度は七〇度はあり、砂漠の人々も外を歩かない。間違っても、そこを歩こうものなら、太陽と砂に焼かれてしまう。

ＮＧＯで医療活動のときに気づいたことがある。四〇度以上の気温では体温計は使えないと。アナログでは身体から外してすぐ見るか、デジタルの場合は固定しておかないと、人の体温よりも周囲の気温が高いために正確には読み取ることができない。

そのＮＧＯのメンバーと砂漠を移動し、アカシアの木の下で昼食を採ったとき、たまたま隣の人の腕が触れた。そのときの腕の冷たさは

砂漠の勝利者ラクダの足跡

小さな驚きだった。体温よりも気温が高いときは身体を寄せ合えば快適だということに気づいた。砂漠で、ラクダやヤギが身を寄せ合っているのはこういう理由なのだろうか。

ラクダで移動し、テントで休んだことがあったが、そこには一匹の痩せた白い猫が棲んでいた。誰が持ち込んだのか、この猫はサバクネコではなく、普通のイエネコだった。ここじゃ不敏だから村へ連れて帰ろうと、ラクダに乗せたが、かたくなに拒否された。休憩用のテントに住み、そこへ訪れる人たちからおこぼれをもらっているネコはそれなりに砂漠でも生きていけるらしい。やたらと人懐っこく、ぴったりと体をくっつけてくる。この猫は少なくとも気温よりは体温の低い人間の側にいたかったのかもしれない。

当然のことだけれど、日本では想像もしないことが砂漠では「発見」となり、感動を覚える。

それでも、砂漠で生まれ、砂漠で育った人たちと、雨の多い国で育った私たちとは身体も大いに異なる。彼らと同じように、日中の砂漠を素足で歩く気は毛頭ないが、彼らはサンダルを片手に歌を歌いながらラクダを引く。四輪駆動車で砂漠を移動中にノマドを乗せたことがあるが、彼は行方不明のラクダを探していて、まばらに草の生えている砂漠で「見つけたから」と言って降りた。どんなに目を凝らしてもラクダなど見えはしなかったが、それよりもターバンを巻きなおしながら、気温四五度近い砂漠を歩いて去って行ったのは驚異だった。

私たちと砂漠の人たちとは「暑い」と感ずる温度はかなりの差がある。しかし、長い間の砂漠の生活から培われてきた彼らの服装は、暑さを少しでも和らげるようにできている。頭に巻くターバンはとても長く、捻ってぐるぐる巻きにし、残布を首筋に垂らす。顎から鼻まで覆い、目だけ出すこともある。なかにTシャツを着ていても、地域によって呼び名は違うが、ゆったりとした服を重ねる。身体の大切な部分を直射日光や砂から避けることになり、たっぷりとした長着は風をとり入れることもできる。女性たちの全身を覆う布も、宗教的なことよりも、暑さを避けることが先行していたに違いない。覆うことにより神秘的でさえある。モーリタニアの女性の布はそのなかでも、とりわけ美しく、ヴォワルと呼ばれる薄い布は手の込んだ総手絞りで、何カ所かを結ぶだけで簡単に身につけられる。それ一枚でおしゃれもで

次ページ＝砂漠の生活に適した服装　長いターバンで頭を覆い、ゆったりとした服を重ねている（シンゲッティにて）。

91　振り切れた温度計

ヴォワル＊薄い木綿地に総絞りした布。伝統工芸として、ＮＰＯ法人「セーブ アフリカ」はアフリカンフェスタなどで紹介している。

き、太陽熱から身を守ることができるし、夜の寒さにも優しい。

私も砂漠に滞在するときには、ヴォワルを日中には頭覆いに、昼寝にはハエよけに、夜には掛け布団として使用している。

気温ひとつをとっても、体温よりも高い砂漠では改めて納得することも多い。まったく事実で、当然のことではあるが、かつて学んだ自然の原理を、今一度、考え、実践するのも砂漠ならではである。

白骨化
―死への旅立ち

小さなオアシスが見えた。ナツメヤシの林ではない。信州あたりにありそうな風景で、畑のなかにポツンとある小さな森のようだった。ただし、周囲は緑の畑ではなく、砂砂漠で、オアシスには小さな葉を密集させた灌木類が生え、木陰でお茶を飲むことができる。なによりもラクダの好きなアカシアの木も自生していた。そこでラクダから降りて休憩することになった。

お茶を沸かすために枯れ枝を集め、火をつけると一瞬にして燃え始めた。混じっていた生木さえも、青い匂いをさせて燃え上がるほどに乾燥している。砂漠では汗は流れると同時に乾き、ブロンズに焼けた

太陽に照らされた砂丘に風が風紋を刻む。硬く締まって見えるが、触れるとくずれる。

肘はカサカサになる。水を補給しなければ、身体は水分を失ってしまう。

途中で拾ったのは黒地に白の水玉模様がめずらしいゴミムシダマシの亡骸だった。小さな歯が並んだヤギの顎や、砂に晒されて白いラクダの脚の骨もあった。なに故に、砂漠で死んだのだろう。

昨晩、星を見ながら聞いたフランス人カップルの遭難事件は、ラクダに乗って、美しい砂漠を見て、興奮気味の旅人には大きな衝撃だった。ほんの軽い動機だったに違いないが、彼らはふたりだけで砂漠へ行き、迷った。目印のない砂漠で方角を見失い、容赦なく照りつける太陽に、持っていた水は底をつき、最初に男が倒れ、もうだめだから君だけでも行ってくれ、と女に言ったのだろう。女は必死で砂漠を脱出し、村へ助けを求めた。捜索隊は地上からも上空からも出動したが、容易に見つからない。結局、男は真っ黒な遺体となって発見されることになる。捜索隊は、男の白い肌と白いシャツを探していたのだった。

それからというもの、太陽に焼かれ、黒く焦げて放置されたそう日が経過してないヤギの死骸も目ざとく見つけてしまうようになった。

砂漠での遭難と渇死は考えるだけでも想像を絶するが、一九七五年、

波打つ海原のように果てしなく続く砂丘

『サハラに死す―上温湯 隆の一生』
長尾三郎編　講談社文庫

日本の青年がサハラ砂漠で渇きと飢えで死んでいる。サハラ砂漠、七〇〇〇キロメートルの単独横断に挑んだ青年は、三〇〇〇キロメートルのところで、ラクダの衰弱死によって挫折を余儀なくされる。そして、翌年、新たなラクダを入手して、再びその地点から出発するが、二週間後、ニジェールのアガデスを目指す途中の、マリのメナカ地区で渇死しているのを発見された。

青年の名は上温湯《かみおんゆ》隆《たかし》、彼の残した日記を元に出版された『サハラに死す』は、一九七〇年代、八〇年代の海外を目指す若者たちに読まれ、彼らもさまざまな方法でサハラを目指して旅に出た。

上温湯隆はモーリタニアのヌアクショットを出発し、マリのトンブクトゥ、ガオ、メナカを経て、ニジェール、チャド、そして、ポートスーダンに至るまでラクダに乗り、単独で横断するという計画だった。そのあまりの無謀さに、砂漠の危険さを知っている現地の人たちは皆反対する。資金も少なく、生き物としてのラクダの知識も乏しいうえに、砂漠で最も暑くなる四月の下旬に出発するという選択は信じがたい。ところが、出会う旅人や日本人には励まされる。

彼は高校を中退し、アジア・中近東・ヨーロッパ・アフリカなど五

雲が広がる冬の砂漠

十余カ国を歩き、サハラ砂漠縦断を三回敢行した。そして、死と隣合わせにあるサハラ砂漠に魂を激しく揺り動かされ、生と死の極限のなかで青春を賭けたいと願う。誰も到達していない、ラクダに乗ってのサハラ砂漠横断の挑戦者になりたいと。

彼が高校を中退したころは、大学だけでなく日本中の高校も学園紛争の真只中にあり、さまざまな疑問や矛盾に対して純粋に闘った時代だった。彼もそうだったかはよくわからないが、生きることを真剣に考え、高校を退学しようとした者もいた。その後学園紛争も落ち着き、ベトナム戦争が終わり、若者たちは会社という組織に入っていった。石油危機から省エネが実行され、巷では主張のあるフォークソングが、個人を歌う歌詞に変わる。そんななかで、行き場を探して、ようやく開かれ始めた海外へ出て行った若者もいた。世界への旅に出て、彼がサハラに青春を賭けようとしたのは、そんな時代だった。

旅の途中で、彼は人生設計の青写真を考えている。サハラの旅が終了した暁には大学へ入学をして、卒業したいと。それには何よりも生きて帰ること。しかし、サハラの熱い太陽と砂の前に叶わぬ願いとなった。「冒険には犠牲がつきもので、失敗し、万一死んだとしても、

上＝砂漠を縦横に歩き回るゴミムシダマシ
次ページ＝強烈な太陽に焼かれる石
　焼かれた石は昼夜の温度差で割れる。

サハラにとり憑かれた男の本望です。覚悟はできています」と、書かれた日記は決して彼の本心ではなかったと思う。成功するつもりだったから書いた。

彼は荷物も水も積んだラクダに逃げられた後、必死にラクダを探したに違いない。たぶん、手がかりの足跡も糞も見つけられなくて、戻った。むやみに砂漠を歩き回れば、迷う。体力を消耗しないように、小さな灌木の下で、残り少ない水を少しずつ飲みながら、ノマドが通りかかることに希望を託したのだろう。

気温がさらに上がる砂漠の五月の暑さ。熱中症になる。疲労感と虚脱感、血圧は低下し、脈は高鳴る。多量の発汗、脱水症状。末梢の循環が悪くなり、脱力状態に陥る。意識障害が起こり、そのとき上着を脱ぎ捨てた。自己温度調節機能の破錠。血液の凝固。多臓器障害から多臓器不全へ。そして、死に至った。

日本にいたならほとんど起こりえない、渇死。彼は意識が薄れていくなかで死を覚悟したのだろうか。遺体解剖執刀医師によれば、胃も、腸も、膀胱もなんらの内容物も含んでおらず空気で満たされていたと書かれている。

次ページ=美しい砂漠はいとも簡単に人を招くが、容易には受け入れてくれない

砂漠で死亡する旅行者は多いのか、砂漠の人に聞いたことがある。しかし、砂漠で命を落とすのはいちばん砂漠を知り尽くしているノマド、遊牧民だという。原因は水で、井戸まで辿り着けなかったか、予定していた井戸の水が涸渇していた、ということだった。

それでも、彼がノマドたちとともにラクダで旅をした経験があったなら、そしてラクダの性格をもっと知っていたのなら、もう少し違う結末があったかもしれない。

「美しい風紋にひそむ不気味な深淵。その底をのぞいてみたい。その自然の偉大な砂の懐にふれてみたい」と、彼は旅の初めに書いている。私も共感する。サハラへ行った者は一度でいいから、ラクダとともにひとり、旅したいと思う。冒険とは結果ではなく、いつも夢や探求心から出発する。

フランス人の遭難の話を聞いた後には、砂漠に落ちている白く晒された骨が動物のものであれ、その最期を想像した。先導者がいるのにもかかわらず、恐怖ばかりが先にたった。美しい砂漠は人をいとも簡単に招くが、実は砂漠は容易には人を受け入れてはくれない。その恐ろしさを最も知っているのは砂漠に住む人たちである。

このことは忘れないつもりでいる。私が、たぶん、これからも砂漠に来るであろうことを察知した、砂漠の民からの貴重な忠告として。

砂漠に迫る夕闇

夜に生きる
―砂漠の小動物たち

「あ、靴は脱がないで、サソリがいるかもしれないから」

砂漠へラクダに乗って出かけ、小さなオアシスで夕食を始めようとしたときのことだった。

しばらくして、私の足元を這い上がってくる小さな生き物がいた。手に取って灯りに照らすと、スカラベによく似たゴミムシダマシ。灯をめがけて飛んできた蛾はすでに灯りに群がっていた。もう少し大きな動物、トビネズミも跳んでくる。いったい、砂漠のどこに潜んでいたのだろうか。暗くなって一時間も過ぎないうちに、砂漠は小動物の出現で賑やかになる。

尾を引きずったようなトカゲの足跡

生物が生きていくには厳しい砂漠の環境。日中の気温は五〇度以上になり、とりわけ砂地は六〇度以上にもなる。そんななかでも、まったく生き物のいない砂漠はない。植物は動くことはできないけれど、動物たちは移動することができる。昼間はじっと動かずに潜んでいて、気温の下がる夜になると活動を始める。

夕食時に現れたトビネズミは両手のなかにすっぽり入る大きさで、その体は痛々しいほどに細い。跳躍に適した長い後脚を持ち、小さい前脚で種子などをつかんで食べる菜食家。砂漠に穴を掘って住み、夜になると出てくる。その後、トビネズミが穴を掘るところを見る機会があったが、ものすごい勢いで砂をかき出していた。天敵を見分ける大きな目と耳を持ち、危険を察知すると後脚で地面を蹴り、跳ね上がって逃げる。しばらくその場にいたが、食料にはありつけないとみきわめたのか、差し出したパンは食べずにどこかへ去った。

早朝の砂漠にはこのトビネズミの足跡とともに、他の小動物の足跡が模様のように続いていた。

尾を引きずったような中央の太い線と左右の小さな足跡を辿っていくと砂丘の下で消えていた。そこへ手を入ると、砂と同じ色のオレン

上＝砂の上に残されたトカゲの足跡
次ページ上＝スナスジトカゲを逃がしてやる
　　下＝砂漠と同じ色の美しいうろこをまとったスナスジトカゲ

アトラス山中で出会った青年、大きなトカゲを持っていた。食用になるという

ジ色のスナスジトカゲが現れた。その感触は蛇ほどさらさらしてはいないが、すべすべしたうろこで覆われ、重量感がある。長く伸びた鼻は容易に砂のなかへ潜り込め、頑丈な顎はゴミムシダマシや甲虫などを食べるのに適している。「砂の魚」とも呼ばれるが、流線型の体は確かに小魚をつかんだ感触に似ている。砂にいるから、スナスジトカゲというが、さらに大きなトカゲを見たのは、アトラス山中の木一本生えていない岩山で、突然、現れた青年が持っていた三〇センチほどの大きさの、冷たい感触が心地好いトカゲだった。これがノマドの貴重なタンパク源になるというから、食用トカゲと呼ぶべきなのだろうか。岩に似た色の皮膚なのに、すべすべしていた。これらのトカゲの体色は天敵の目を逃れるために保護色になっている。

　あまり想像したくない足跡は、足のない砂漠の蛇。私にとって蛇は毛嫌いする動物ではなく、シマヘビなどは腕に巻きつかせても抵抗はない。しかし、毒をもつ蛇は別で、全身バネのようなコブラに咬まれて血清を打ったけれど、一カ月生死を彷徨《さまよ》った蛇の研究者の体験談や、試しに触らせてもらったマムシの生臭さと醜い三角の頭を思い出すと、できれば毒蛇とは遭遇したくないと思う。ところが、二種類の蛇

砂と同じ色をしたトカゲ、砂の上にはさまざまな生き物たちの足跡が残っている

が、ラクダの上からもよくわかる跡を残していた。ひとつはスナヘビの、細く、長いロープのような跡。もうひとつは飛ぶようにして横に移動し、三角の頭にツノを持った猛毒のツノクサリヘビらしい。殺傷力の強い毒でトカゲやネズミなどを射止めるのだろう。その跡からもかなり大きな蛇が多くいたことは確認できたが、幸運なことに、まだ本物を見る機会はない。

深夜に砂丘へ登って眠るのは、蛇やサソリから遠ざかるためで、小動物の多く棲むオアシスでは危険が多いからだということを、後に教えられた。

翌朝、砂丘から降りてくると、その危険なサソリがいた。致命傷にはならないけれど、最も毒が強いといわれる黄色いサソリだった。不思議な姿のサソリは全身の機能を使って、昆虫などを簡単に仕留めてしまう。点のような小さな目は何も見えないが、四対の脚に生えている聴毛で他の動物の接近を感じとることができる。カニのようなハサミ（触肢）で獲物をつかむと、エビに似た体の最後尾に具えた鋭い毒針で刺し、ハサミ状の顎のような器官で細かくちぎり、消化液を出して肉をとかし、液状にして小さい口で吸い込んでしまう。

上＝トビネズミ、痛々しいほどの細い体
下＝夜の間に残された動物の足跡、小さな生命の証

アリさんがサソリの足跡を見つけた。ジミヘンに乗ったまま観察する。

砂に残された足跡、少し大きなこの足跡はキツネが残していったのだろうか

「すぐ血清を投与したけれど、一日中、体が震え、悪寒に苦しんだよ」

砂漠案内人のアリさんはサソリに刺されたときのことを全身を使って説明した。サソリの血清は持っているというが、わずかな滞在で、それを使うことだけはしたくないものだ。

「早く、来て」

アリさんは憎きサソリを木の枝で押さえ、見せてくれた。

砂漠では目立たない、透明感のある黄色のとても小さなサソリが毒針のある尾を立てていた。

もう少し大きいのは砂漠のキツネ、フェネックギツネの足跡。夜明けや、夕暮れの砂漠を車で走っているときに、前を横切るフェネックギツネを何度か見たことがある。一瞬、振り返ったキツネはふたつの目をライトに鋭く反射させ、一目散に走り去った。身体は猫よりも小さく、痩せていて、砂と同じ黄色の毛とふさふさした尾を持ち、ピンと立った大きな耳が目立つ。この耳で音をキャッチし、トカゲやトビネズミ、サソリ、蛇などの獲物を追跡し、同時にハイエナや猛禽類などの天敵の接近を察知することができる。また広い耳の面積は身体の熱を放出する役割も具えている。

砂漠に棲む動物は過酷な環境のなかでそれぞれ適応した姿をつくってきた。草食動物は草を食べ、肉食動物は草食動物を食べるという、間接的に植物の栄養を採ることで生きている。それは自然界の、食べたり食べられたりの連鎖の関係にある。いつも食料にありつけるわけではない砂漠の動物は、何カ月も食べなくても生き延びることができる。

砂漠の朝の、美しい砂の風紋に印された足跡は夜に生きる動物たちの小さな生命の証でもある。そんな動物たちの足跡も砂を舞い上げる風にかき消されていく。そして、翌日も、また新たな足跡が生まれる。

トカゲといっしょに

砂漠の巡礼者

―サハラを旅するサバクバッタ

「今年は寒かったの」

ＮＰＯ法人「セーブ アフリカ」のメンバーが、二〇〇四年の春の医療活動を終え、モーリタニアから戻ったときの第一声だった。

空は曇に覆われ、気温がいっこうに上がらず、砂漠に降る雨を初めて見たという。昨年から降った雨で、草が生い茂り、蚊に悩まされたとも聞いた。四月、五月の砂漠といえば、夏を迎える前の不安定な気候で、すこぶる暑く、砂嵐が起こりやすい時期なのだから、気温が低いということが信じられなかった。

砂漠は決して雨が降らないわけではなく、極端に雨が少ないのであって、高地にはそれなりに降雨があるし、予想外の雨も降る。二〇〇三年夏、久々に、サハラ砂漠とサヘル地域に大雨が降った。それ以降、天候の不順が続いているのかもしれない。

それはサハラの人々にとっては願ってもない雨だった。雨によって、植物が育てばノマドたちにとっては、ラクダやヤギの餌に困らない。多少は農作物の収穫も期待できることにもなる。

ところが、この雨で「サバクバッタ」が異常発生した。

二〇〇四年に入ってから、フランス国営テレビ「TV5アフリカ」はこの状況を頻繁に放映し、私はインターネットで、空を黄色く埋め尽くして飛来するサバクバッタの大群を幾度となく見ていた。FAOによれば、二〇〇三年の夏に、セネガルからモロッコのアトラス山脈にかけて二日間にわたり一〇〇ミリ以上の降雨があったという。過酷な条件の砂漠で身を潜め、低密度で生息するに過ぎなかったこの小さな生き物、バッタが、多雨により緑豊かになった砂漠で息を吹き返したのだった。食料となる植物と、産卵場所となる湿った土壌が増えたことが大きな要因となった。バッタはエネルギーを得ると、急速に増殖し、大発生し、群れを成す。次々と産卵、孵化《ふか》を繰り返し、さらに

FAO＊国連食料農業機関

降雨量＊この地域の、この時期の一日の平均降雨量は一ミリ程度。

次ページ＝砂漠を覆う大きな空　この空一面を埋め尽くして、サバクバッタが巡礼を続ける（モーリタニア）

餌を求めて移動する。毎日、体重と同じ量の食物を食べ、一夜にして、二五〇〇人分の食料を食べ尽くすといわれている。

最初、アルジェリアとモロッコのアトラス山脈南部で、卵から孵化したバッタが南下を始めた。大群はモーリタニアからマリ、ニジェール、チャドのサハラ地域に飛来し、サヘルへ向かった。一方、チュニジア、リビアを経てエジプトへの、東のコースを移動する群れもあった。スピードはきわめて速く、時速一六キロから一九キロのスピードで飛び、その移動は一日に五キロから一三〇キロメートル。大群は数百平方キロにまたがり、一平方キロメートル圏内には四〇〇〇万匹から八〇〇〇万匹のバッタが存在するというから恐ろしい。

飛ぶ速さ、群れの規模からして、すでに天敵は存在せず、成す術もない。「TV5アフリカ」では農作物の茎や葉にとまり、また地上で、交尾する夥しい数のバッタを幾度となく映していた。羽を広げて飛ぶバッタの群れを憎々しげに見上げる人々の顔。腕を上げれば、飛んでいるバッタが何匹も手のひらにあたる。歩けば、バッタを踏み潰す。私の訪ねたことのある砂漠のなかのオアシスが総襲撃されているのを見たときには何ともやりきれなかった。

117　砂漠の巡礼者

このような大量発生と異常増殖を抑制できない特殊なケースと認識したＦＡＯは、「最後の手段」として、農薬の緊急使用を決定せざるを得なかったらしい。空や地上からの薬剤散布は薬による影響を思うと、心配でもある。特に、ラクダやヤギなどの動物が食べる草や、農地に染み込んだ殺虫剤の及ぼす影響が良いはずはない。

被害は野菜や穀類を初めとして、柑橘類や砂漠にへばりつくように生えている牧草にいたるまで及び、地上のあらゆる植物を食い荒らした。ほとんどの動物が食べないナツメヤシの固い葉や「カロトロピス・プロセラ」までも食べているのには驚く。

モーリタニアの友人にメールをすると、たいへんな出来事で、農地が少なく、農作物の収穫も少ないだけに壊滅的な被害だと返信してきた。慢性的食糧不足の国ゆえに、深刻な問題になる。敵国の農作物にバッタの卵をうえつけて、大量発生させ、国を滅ぼす作戦をとったのは秦の国だったか、小さな動物とはいえ、国をも滅ぼしてしまいそうな勢いである。

バッタの異常発生は、いつもアフリカでは繰り返される。前回は一九八七年から八九年までだった。一九八〇年代の大干ばつ後の雨で、

カロトロピス・プロセラ＊ *Calotoropis procera*（ガガイモ科）常緑のやや多肉質の低木。「ソドムのりんご」参照。

サバクバッタにかじられた跡を残すナツメヤシの葉、これでもずいぶん回復したのだという

被害も大きかったようだが、今回はそれをはるかに上回るといわれている。そのときは紅海付近で発生し、アフリカへ渡った大群はサヘルを西に進み、さらに北上しサハラ砂漠を経てモロッコやアルジェリアまで大きな被害を及ぼしている。今回のコースは、その逆で、モロッコ、アルジェリアから発生し、東のチュニジア、リビア、エジプト、紅海へ向かう群れと、南下して、サハラを渡りサヘルを伝い、やはり東の紅海へ向かう群れがいる。二つの群はサウジアラビアを目指すことになる。それはまるで、イスラーム教徒のメッカ巡礼《ハッジ》のようでもある。

その巡礼は、二〇〇四年六月以降、モロッコやアルジェリアで大規模な群れが本格化して以来、八月にはモーリタニア、セネガルへ壊滅的な被害を及ぼした。九月にはスーダン、一一月にはエジプトへ到着し、地中海のキプロスやパキスタン、インドでも確認されている。

日本も含めて世界中からの援助による大々的な駆除活動にもかかわらず、FAOは二〇〇四年末に出した北西アフリカのモロッコ、アルジェリア、モーリタニアへの警戒を、二〇〇五年三月に及んでも継続した。また、再びセネガルやサヘル地区も加えて、ギニアビサウ、ギニア、ガンビア及び、紅海地区へまで侵入が拡大したことを警告している。そして、私は秋に、サバクに降る雨を初めて見た。

「日本には梅雨があって、そのころは毎日雨が降るの」と言えば、「代わりにその雨、欲しい」といつも答えるサハラの人々。自然というものは、いつも人に優しいわけではない。念願の雨が降ったのはいいが、降れば降るで、数十年に一度の災難に遭う。悲しいことに、こういうことが、なぜか、いつも貧しい人たちの身の上に起こる。

このバッタの群れが再び体力を蓄え、巡礼を繰り返さないためには、雨の降らない不毛のサハラでなくてはならないのだろうか。

砂漠を生き抜く植物

自然界は植物、動物、微生物とそれを取り巻く大気、水、土が、太陽の光のエネルギーを中心に、相互に働きあいながら生態系をつくっている。このもとになるのが植物で、植物は、太陽の光によって、空気中の二酸化炭素と根から吸収した水分を使い、自ら養分をつくり出し、酸素をはき出すという仕組みの光合成をする。

植物が光合成を行う部分は葉の細胞の葉緑体で、葉緑素という色素が太陽の光を吸収する。二酸化炭素は葉の裏にある気孔から吸収し、水分は根が地中から吸い上げ、茎を通して葉まで運ばれる。これらをもとに糖類などの栄養分がつくられ、蓄えられ、それが植物の生長に必要なエネルギーとして使われる。このときいっしょに酸素がつくら

昔は川が流れていたのだろうか、乾いた厳しい大地に点々と植物が生えている。

れ、気孔から空気中にはき出される。

過酷な砂漠に自生する植物の種類は、そう多くはない。砂漠にあっても、水を確保し、効率よい仕組みをもつ植物だけが生き延びることができる。

光合成に重要な役割を果たす葉の裏の気孔は、開閉することによって植物体内の水分も体外に排出され、水分を失う。また、乾燥によっても植物体内の水分は欠乏する。そのため砂漠の植物は、水分の損失を最小限に抑えるために独自の姿をつくり出してきた。

たとえば、砂漠にポツンと立つ、一本のアカシアの木。よくある風景だが、アシメトリーな姿の表情が気に入って、私は幾度か写真に撮った。日本で街路樹によく植えられているのはニセアカシアで、芳香のある白い花を咲かせ、楕円形の緑の葉をたわわにつけ、ハリエンジュ（針槐）とも呼ばれ、刺《とげ》を持つ。これが、砂漠のアカシアの場合は葉が小さく細い。葉の面積を少なくすることによって、気孔を減らし、水分の蒸散をできるかぎり抑えることになる。さらにその葉を変形させたものが刺だが、爪楊枝ほどの長さの鋭い刺は、葉の存在よりも目立つ。黄色い小さな花には匂いはない。アカシアは、何よりもラクダ

刺の多いアカシアの枝　ラクダはこの刺をものともせず、バリバリ食べてしまう。

の好物で、首を伸ばして刺も気にせず食べているが、葉が極端に少なくなると光合成ができなくなり枯れてしまう。そうして、倒れているアカシアを見かけることも多い。

ラクダの食べる植物にラクダ草もある。正式名ではないが、サハラでは茅に似た植物を言い、砂を取り込むようにして三〇センチから一メートルのしっかりとした株になり、まるで海に浮かぶ島々のように砂砂漠に生えている。枯れたように見えていても、強靭な根は水分を確保するために、地中深くの水源を求めて数メートルも伸びる。丈は三〇センチから一メートル以上にもなるが、これが点々と生えている砂漠のラリーでは、車が乗り上げてしまうことから事故も多く、厄介な植物になっている。

海に近い砂漠で見たのは葉をつけていない、ほとんど根が地上に張り出した木だった。枯れ木ではないかと思い、引き出そうとしたところビクともしない。思い切り引っ張ったら、途中で切れてしまい、そこから白い樹液が飛び出した。よくよく見てみると、その姿は艶かしくもあり、樹液が悲鳴のようにも感じて思わず砂をかけてしまった。数十メートルも根を伸ばし、地中深くの水分を吸水し、生き続ける木

葉がなく根だけのような木　広い砂丘にぽつんと転がっていると白骨にも見える。

バオバブ＊ *Adansonia digitata* キワタ科の高木。根を上にして地面に挿したような樹形が特徴的（次ページ写真）。

だった。このとき以来、枯れ木と見えても、根が剥き出しになっていてもやたらと触れないようにしている。

　光合成を行うために工夫してきたのは葉や根だけではない。太い幹からたくさんの手を差し出している巨人に見えるバオバブは、巨大化したその幹に水分を貯め込む。『星の王子さま』では星に生えているが、半砂漠に自生し、高さは約二〇メートル、幹の直径は一〇メートルにも及び、樹齢数千年といわれる巨木もある。星一面にバオバブがはびこると、その根で星を突き通してしまい、星が破裂するから追い払わないと・・、と王子さまは言うが、根は巨大な幹から比べればそう長くはない。その寿命や姿から、バオバブをめぐる物語も多い。鳥や蝙蝠《こうもり》などが花の蜜を求めて集まり、運ばれた花粉はやがて果実になる。葉も実も食用とされるが、樹皮には薬効がある。そして、枯れてもなお燃料として使われる。

　乾燥に耐えるため、幹を太くし、幹に水分を貯め、葉を刺に変えたものにサボテンもある。大きな楕円形の葉に卵形の実をたくさんつけ、密集して生えている食用のサボテンは、種《たね》が多いのが難だが、オレンジ色の実は水分が多く、甘い。バオバブと同じように根は浅く、地表

バオバブの木

アカシアをむさぼり食べるラクダ

近くに水平に長く伸ばしている。これは雨を受け止め、水分を無駄なく吸い上げて、幹の部分に蓄える仕組みになっている。

小さな砂漠の植物は種で長い間を過ごすことも多い。動物に食べられ、少しの雨や霧で発芽し、花を咲かせ、再び種を残す。一サイクルが短いものもあるが、砂漠に大量の雨が降った後には、これらがいっせいに生長する。ラクダやヤギを飼うノマドたちにとっては恵みの雨となるが、この雨がサバクバッタの大量発生の原因となり、増えた植物が餌となってさらに増殖させてしまうとたいへんなことにもなる。

砂漠の植物は、一旦、根を張ると、自ら強くたくましく生きる。それは、動物以上にしたたかで生命力に溢れているように思える。

ソドムのりんご
—カロトロピス・プロセラ

砂漠は、植物が根づくにはたいへん厳しい環境にある。しかも、一旦根を下ろすと、動物のように水を求めて移動することはできない。わずかな水分だけで、たくましく生きる植物だけが砂漠に住む権利を得る。

フランス語では「ソドムのりんご」と言われるカロトロピス・プロセラは、砂漠で最も強い植物のひとつなのかもしれない。ベルベル語ではタワルザ、モーリタニアではトゥールジェと言われるが、地域や民族によってさまざまな名前で呼ばれている。それらは絹の木、ツバメの麦汁、ゴムの木、死海の果実、砂漠の灯芯……という意味を持っ

カロトロピス・プロセラ＊ *Calotropis procera* はこの植物の学名。ガガイモ科の常緑低木。熱帯アフリカからインドに分布する。

大きな果実をつけた「ソドムのりんご」

ている。

この植物の存在に気づいたのはモロッコの南の砂漠のワジ（涸れ河）だった。緑色の植物がポツンと、一本だけあるのを何度か見た。色のかぎられた砂漠では大いに目立つ。

モロッコを南下し、モーリタニアまで行くと、砂漠やオアシスだけでなく、都会でも見られた。高さ、二、三メートルまでになると、幹は木質になり、葉は肉厚で丸みを帯び、薄紫色の二・五センチほどの小さな花が、紫陽花のように集まって咲く。

サヘルでは花とともに、奇妙な形をした、長さ一五センチほどの緑色の実が幾つも垂れ下がっていた。大きなものからぱっくりと割れ、なかからは、白い絹糸に似た光沢のある綿毛が溢れる。次々と実から飛び出した綿毛は下部に小さな種子を付け、風で舞い上がり、ふわふわと飛んで、オレンジ色の砂の上にゆっくりと着地する。そのさまは幻想的でさえあった。

しかし、砂漠に雨が降った後には、直径一〇センチほどの大木となって、他の植物が一切根づかないような砂地に、林のように乱立するまでになる。たとえ、砂漠が緑になったとしても不気味な光景に思えるのは、その姿からだけではない。

カロトロピス・プロセラを毒と言う人もいた。「目薬の木」と教えてくれた人は、その乳液が目に入っても良くないと、矛盾したことを言う。「胃の薬」と言う人もいた。国によっても、民族によってもそれはそれぞれ、とらえ方が違った。しかし、共通していることは、誰も、この植物にはさほど興味がないということだった。人だけではない。あんなに食欲旺盛で木登りしてまでも葉を食べるヤギや、目ざとくアカシアの葉を見つけては食べ始めるラクダですら、まったく知らん顔をする。日本の梅雨明けに生い茂る夏草を見て、外国人に「これは何」と言われたら、答えるには非常に困る雑草の類の厳密には名はついているけれど、私たちは雑草と呼んでしまう、見慣れた路傍の植物の存在にカロトロピス・プロセラは似ている。

砂漠の博物学者である、故テオドール・モノの本にも登場するこの植物は、毒ではあるが薬でもあると書かれている。ナイロビに本部がある「国際アグロフォレストリー研究センター（ＩＣＲＡＦ）」や、フランス語の植物関係のホームページでは有毒植物と表記される。しかし、薬は毒からつくられる。

有毒植物＊民間伝承薬であれ西洋薬であれ薬はなんでも、基本的には人体にとって「毒」で、実際の使用には充分注意をと、京都大学の薬学の専門家本多義昭教授、藤井信孝教授のお話である。

カロトロピス・プロセラからは白い乳液が出る。ＩＣＲＡＦによれば、乳液はラテックスで、殺傷こそしないが、矢や槍の毒としても使われていた。植物においては、この毒がモザイク・ウイルスの活動を抑えるのにかなりの効力があるとされている。人では、インドでハンセン病や象皮病に用いられ、慢性の湿疹にも効能があるらしい。乳液だけではなく、花や樹皮、根などもローカルな治療として多くの薬効があげられている。この植物を分析している海外の研究機関も多い。なんとも不思議な植物になんらかの効力があるならば、もっと利用されてしかるべきであろう。

ところが、良きにつけ、悪しきにつけ、意外にもカロトロピス・プロセラは砂漠の生活のなかではポピュラーだった。乾燥させた幹が家屋の天井の梁《はり》に渡されていたし、燃料としても利用されていた。しかし、乳液が直接人体にも使用されていることもわかった。砂漠の人々はヘンナで手を染めるときに落ちにくくするため、カロトロピスの乳液を塗り、怪我をしたときには薬のようにして傷口にまでつける。湿布薬のように使用されることもある。医師は当然、良くないという。何もない砂漠ではなんら疑いもなく使われてきたようだ。

ラテックス＊天然ゴムを構成している成分で、その蛋白には抗原性がある。ラテックスに感受性を持つ人はアナフィラキシーなどのアレルギー反応が起こる可能性があり、死亡例もある。ラテックスとは、もともとゴムノキから採取された白色乳状の樹液である天然ゴム液のことを指していた。

ヘンナ＊*Lawsonia inermis* シコウカともいう。アフリカから西南アジアに広く分布する低木。葉を粉末にして黄色の染料・顔料として使われる。これを水に溶いて手の甲に模様を描く。

カロトロピス・プロセラの幹を乾燥させて、天井の梁に渡してある。

カロトロピス・プロセラは、乾燥地帯のアフリカからインドまで広く分布し、ガガイモ科に属するが、なんと日本にも似た植物があった。河原、路傍に生えるつる性の多年草、ガガイモ（蘿摩）がそれで、同様に、果実は大きく表面にイボのある袋果がつき、なかの種子には白色の綿毛がある。昔はそれが綿の代用として針刺や印肉に使われ、種子や葉は薬用にもされたらしい。カロトロピス・プロセラの絹糸のような綿毛がクッションの中身としても使われることや、織物をつくることまでも似ている。

砂漠に、少しだけ湿り気を含んだ空気があり、運がよければ、カロトロピス・プロセラはそこに留まり、発芽をするだろう。さらに運がよければ、荒れた地を好み、天敵をもたないこの植物は根を張ることができるはずだ。生長し、花をつけたなら、あの毒々しい色の、実際に毒をもつオオカバマダラ科の蝶が、寄ってくるのかもしれない。そして、奇妙な緑色の、心臓に似た、食べられない果実をたわわにつける。

「ソドムのりんご」のソドムとは、旧約聖書創世記に登場する悪徳の街、住民の不道徳、不信仰ゆえに、ヤハヴェ（エホバ）に滅ばされた

カロトロピスの乾燥した幹　燃料にする。

と伝えられる街の名。そのソドムの土地にあった果実を思い起こさせるらしい。アカシアもラクダ草すらも根を下ろせない砂丘で、この植物だけが存在している風景と、「ソドムのりんご」という名前がますます不気味な存在に思わせる。

今、乾燥、湿潤を繰り返してきたサハラは何度目かの乾燥化に向かっている。砂漠が拡大するだけではなく、今でも少ない砂漠の植物の種類がさらに減少することだろう。それでも、カロトロピス・プロセラだけは生き残るような気がしてならない。

砂丘を背景に点々と立つカロトロピス・プロセラ

砂漠の石
―海のサハラ、陸のサハラ

モロッコで、砂漠を車での移動中だった。

給油で立ち寄った、ガソリンスタンドのカフェのカウンターを思い出していた。そのカウンターは化石が模様のように入った黒い石で、大理石のように磨かれていた。欲しいけれど、持って帰るには重過ぎる。テーブルであったとしても重い。砂漠にはおよそ、お土産になるものはなく、砂や貝殻、動物の骨、石などを拾い、化石を買うのをささやかな楽しみとしている。

そんなときに、突然と現れたふたりの少年は袋のなかから化石を取り出して、人懐っこい笑顔を向けた。どこからやって来たのか、周辺

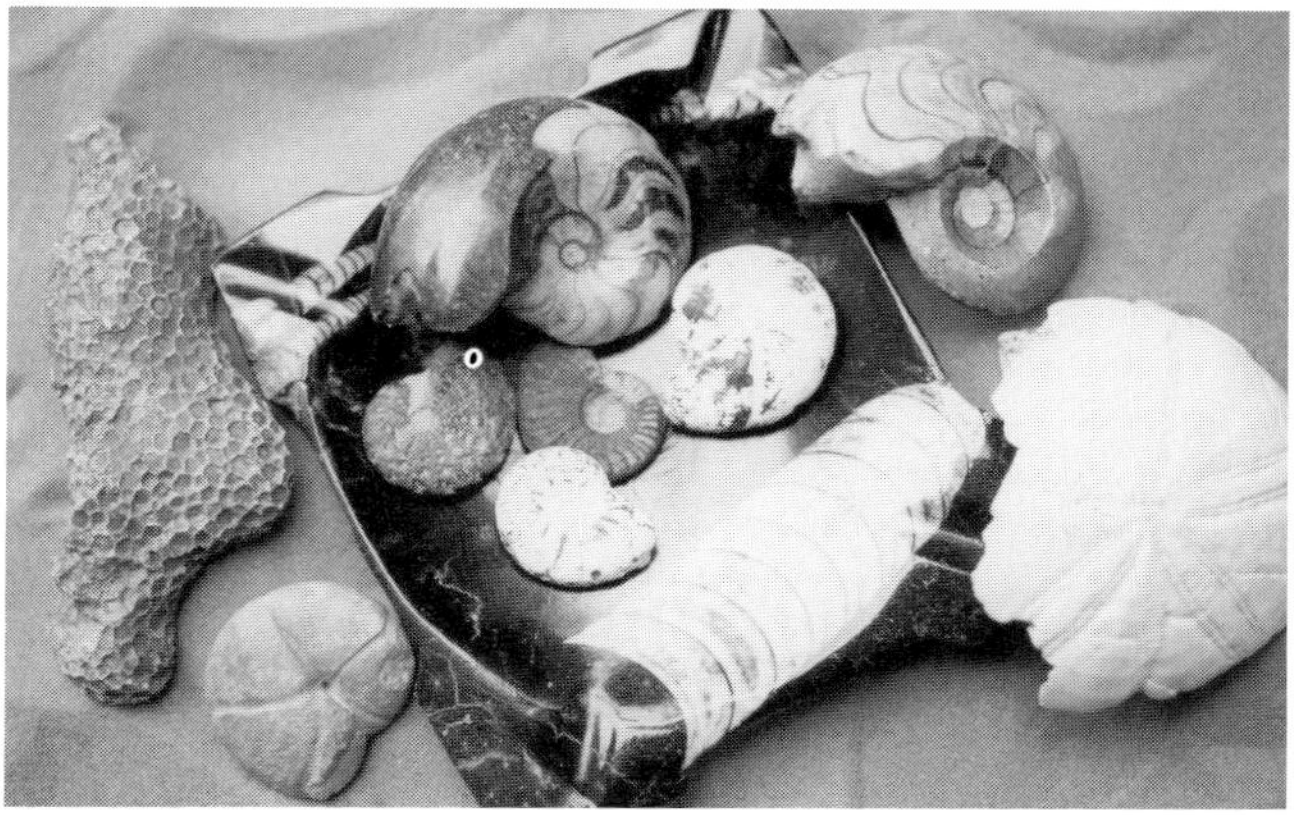

砂漠の土産　灰皿に埋まっている化石の名はトレプトセラス、直角石。

には住居はなく、巨大な石の転がる気温四〇度の砂漠だった。砂漠にはその場に佇みたいような空間もあるが、写真を撮りたくなるような風景もある。カメラを持って車から降りたところだった。

「化石売り」の少年の手には、カフェのカウンターと同じような化石入りの灰皿や小皿、デミタスカップがあった。こういうときだけに、購買意欲は湧く。欲しいそぶりを見せず、興味のない顔をつくろっても、目は「欲しい」と言っていることがわかるらしく、相手はそこを見逃さない。多少、高いと思いつつも買うはめになる。でも気に入ればそれでいい。少年には生活がかかっているし、後で同じものが見つかるとはかぎらない。

小皿の化石の名はトレプトセラス、直角石とも呼ばれ、白く、槍のような細長い三角形は黒い石のなかで映える。整った形が集まったものは少なく、断片が模様のように白く散らばっている。化石も収集品としてではなく、日常のものとして使用できるのは楽しい。

小皿を買って以来、今まで気がつかなかった化石が目に入ってくるようになり、さらに、私の石への欲求が増していくことにもなった。

なかでも最も美しいアンモナイトは、大きさもさまざまで、種類も多く、「化石の王様」的存在といえる。この名前は古代エジプトの「アモン神」に由来している。太陽神アモンは牡羊の姿をして巻いた角を持っているが、その角に似ていることから、アンモナイトと呼ばれるようになったらしい。サハラ砂漠だけではなく、世界中から産出される。

数年前に東京の国立科学博物館でアンモナイト展が企画されたことがあったが、私はそのとき初めて、北海道が白亜紀のアンモナイトの有名な産地であることを知った。その大きさと完璧な形には圧倒されたことを覚えている。巨大なものは二メートルもあるというから、驚く。過去の生物の死骸が地層に閉じ込められる段階で、肉などの柔らかな部分が溶け、骨や殻などの固い組織だけが石化して硬くなったのが化石だが、その全貌を留めていることもすばらしい。

太古の海中を泳いでいたアンモナイトは現存しないが、何億年も姿を変えずに「生きた化石」といわれるオウムガイに似た構造を持っている。渦巻きの殻のなかに、多くの小部屋（気室）を持ち、これを浮力タンクとして海中遊泳していたようだ。殻をつけたイカのようでもある。イカは進化の過程で殻を外して、今の姿になったのかもしれな

三葉虫の化石も砂漠のポピュラーな土産

い。

アンモナイトは、今から四億年以前のシルル紀末期ごろ出現し、進化、衰退を繰り返し、六五〇〇万年前の白亜紀末期に絶滅するまで、三億五〇〇〇万年の間、世界の海で繁栄した。地球が生まれて四六億年、生命が誕生して三八億年、そのなかでとてつもなく長い時代を泳いでいたことになる。

化石店ではアンモナイトと同様に三葉虫の化石も多く売られている。節足動物の三葉虫は六億年前のカンブリア紀前期から二億五〇〇〇万年前のペルム紀に至るまでの古生代を、三億年以上にわたって生きた。泳ぎ、海底を這って、海底の泥のなかにある有機物を食べていたらしい。私の持っている三葉虫の化石は、蓋のようになった部分を開けると、なかに三、四センチのきれいな形の三葉虫がセミの抜け殻のように丸まっている。三葉虫の体は中央の軸部と両側の肋部の三カ所に分かれていて、その名前は、葉が三枚重なったように見えることから呼ばれるようになった。絶滅した理由はよくわかっていないが、シルル紀やデボン紀に登場した脊椎を持つサメなどの魚類と関係があるような気がする。

砂漠には化石専門店があり、オアシスの村にもドアに化石のイラストが描かれた小さな店がある。そこで売られているアンモナイトや三葉虫、ウニやサンゴなどの化石は、サハラが海だったころの証でもある。

そして、かつてサハラのオアシスだったところに産出されるのは、砂のバラ、あるいは砂漠のバラと呼ばれる石。

砂漠の砂と同じ色をし、その形が幾重にも重なった花びらのバラを思わせる。石膏（ジプサム、硫酸カルシウム）からなるものと、重晶石（バライト、硫酸バリウム）からなるものがある。ともに医学の分野ではなじみが深いもので、骨折治療のギプスに使用される石膏と、一方は胃の検査で飲まされるバリウム液の硫酸バリウムが主成分となっている。

砂漠のバラは、基本的には砂漠の砂が結晶化したわけではない。砂漠のなかのオアシスや水の溜まり場では、その水は地中にしみ込もうとする。そのとき、地中の深いところから毛細管現象で硫酸カルシウムが、あるいは硫酸バリウムが吸い上げられて、水に溶けてしまう。その水が太陽によって干上がるときに、溶けていた硫酸カルシウム、

砂漠の潤いが結晶した重晶石の「砂漠のバラ」

あるいは硫酸バリウムが析出し、結晶が成長していく。その際、その結晶の表面に砂漠の砂がまとわりつきながら成長するために、石の表面が砂漠の砂に覆われることになる。砂漠のバラを割ると透明な結晶になっていることがわかる。中身が石膏（ジプサム）か、重晶石（バライト）かによって、小さなバラの花の集合になったり、大きなバラの花の形になったりする。このような、石の成長過程を辿って石になった砂漠のバラは「砂漠の潤いが結晶化」したものと呼んでもいいかもしれない、と東京医科歯科大学の無機材料分野でバイオマテリアルを研究している、ロマンチストな友人大柿真毅さんは、私に「バラ」の説明をした後に付け加えた。

これらの化石や石は実際に自力で発見することは容易ではない。砂漠の化石店で、アトラス山中のバスの休憩所で、都会の土産物店で、ひたすら、欲求を抑えて求める。大地の生み出した石の値段は安いほうがいいが、ときには、お土産として貰うのも悪くはない。サハラという大地がとりもつ出会いの証として。

砂漠のなかの古都ワダンの古い城壁に立ち、遠く砂漠を見渡す（次ページも同）。

アフリカの目

モーリタニアにワダンという古都が砂漠のなかにある。サハラ砂漠が海ならば、海に浮かぶ島のように存在する。サハラ交易の盛んな十七、八世紀のころは一二〇キロ離れたシンゲッティとともに、旅人や隊商隊も立ち寄る重要な都市であったが、今ではその面影はない。十一世紀に建造されたといわれる伝統的で堅牢な石造りの建物が、石の城壁に囲まれるようにして丘の上にあり、この城壁から砂漠の遠くまで見渡せる。

けれど、砂漠に住んでいても、よく見えていない砂漠もあった。

ワダンの入り口には「ゲルブ・アル・リッシャットまで四五キロ」と書かれた標識が立っている。モーリタニアで最も大きな「アフリカ

の目」と呼ばれるクレーターがリッシャットにある。「ゲルブ」とはモーリタニアで話すハッサニア語訛りのアラビア語で、アラビア語表記は「カルブ」。「真ん中」あるいは「心臓」という意味になる。

クレーターの多くは隕石が衝突してできたものといわれることが多い。先カンブリア時代の終わりの六億年前、北半球はほとんど海に覆われ、南半球にはゴンドワナ大陸が存在していた。この大陸が一億八〇〇〇万年前〜九〇〇〇万年前にかけて分裂し、今のアフリカ大陸ができた。地球上でも古い大陸で、とりわけ植生で覆われていないサハラ砂漠には、そのころの地層や、隕石が衝突してできた衝突クレーターの跡が、比較的その形を留めたまま残っていることが多い。

ゲルブ・アル・リッシャットのクレーターは直径約四〇キロメートルの巨大な二重の円形状になっていて、外輪は周囲の砂漠よりも二〇〇メートル高く、内輪の内側は平坦な砂漠になっている。あまりにも大きいために、円形であることが砂漠に暮らす人々にはわからなかった。

これを発見したのは一九六五年のジェミニ4号の宇宙飛行士だった。砂漠のなかに突然、宇宙をにらみつけるような目があった。クレーターは目の瞳（黒目）の部分だった。偶然にも周囲の岩石砂漠、礫砂漠が、目の白目の部分のようにアーモンドの形をつくり、さらに周辺の黄色の砂砂漠が瞼のように取り囲んでいた。モーリタニアのアドラール地方は岩石砂漠が多い。押し寄せてきた砂丘群が岩石砂漠を取り囲んだが、標高の高い部分を残した。それがたまたま「目」の形になった。自然がつくり出した「アフリカの目」だった。

だが、「アフリカの目」の見事に形づくられた円形は、サハラに多く残る衝突クレーターのように巨大な隕石の衝撃の跡とか、火山でマグマの上昇によって生じたものとか、また隆起した岩が浸食によって削られたものとか言われているが、よくわかっていない。

ワダンからゲルブ・アル・リッシャットへ行くには「瞼の部分」の砂丘を避けて行かなければならない。約一時間、車で砂砂漠を走ると、礫砂漠に変わる。「ここが外輪」、「ここからが内輪の部分」と説明されても、上空からでも見下ろせば確かめることができるかもしれないが、航空写真のポストカードのようなクレーターを思い描くことはむずかしい。まさに「リッシャットの真ん中」の石山に登っても、遠くに見える岩山が円形を描いていることを見極めることは容易ではない。

月世界の内輪　モーリタニアにあるゲルブ・アル・リッシャットにて。

次ページ＝ゲルブ・アル・リッシャットの外輪に立ち、内輪の方向を望む。直径四〇キロもあり、対岸ははるかに霞む。

そこには大小さまざまな石が転がっている。中心部へ到着すると、誰もが石の採集に没頭する。最後は選別して捨てなければならないとわかっていても、拾うたびに狂喜の声をあげ、持てるかぎり袋に詰め込む。六億年前の地層に転がる石の色や変化に富んだ形が楽しい。カルシウム分の多そうな石、マンガンやマグネシウム、鉄分を含んだ石、ガラス質の石、明らかに溶け出した溶岩によって固められたと思われる石までもある。ゲルブ・アル・リッシャットの近郊には銅山もある。化石があるわけではないが、石好きには時間があれば、暑さに耐えられれば長丁場したい石の宝庫になっている。

また、周辺には矢じりや石斧《せきふ》などの石器も発見されることもあるというから驚く。クレーターのなかにも、かつて水があったと思われる平地も見られる。雨が降り、サハラも緑で覆われていたころには、ここにも人が住んでいたのかもしれない、と考えると心躍る。サハラ砂漠にはそんな遺跡が数多く残っているのも魅力である。

ゲルブ・アル・リッシャットは見渡すかぎり、石だけの世界で、健気に砂漠に張りつくようにして実をつける砂漠のスイカも、「ソドムのりんご」すらも生える場所はない。当然、電気もなければ、日陰をつくる木も、小さな井戸すらもない。かたわらに旗でも立て、宇宙服を着れば砂漠というよりも月にでもいる気分になれるだろう。

そんなゲルブ・アル・リッシャットに、一番近い村からやって来た（徒歩で来るのは厳しいが）家族が中心部に住み、観光客を待ち、お茶で歓迎してくれる。それも観光シーズンが終わる五月初旬には村へ帰っていく。その間、彼らは直射日光を防ぐだけの泥の家に住み、村から定期的に運ばれてくる水や食料のみの生活になる。

「お茶にしませんか」

気さくに声をかけてくれ、ときにはいっしょに石山へも登る家族は、父の代からここで働き、めずらしい石を売り、石の知識もある。そろそろシーズンも終わりに近づき、多くの研究者を案内した父は一足先にバカンスをとって引き上げていた。

「何も無いここで、二、三日ゆっくりしていきませんか。静かですよ」

かつて、瞑想にふけるために、精神統一のために砂漠で修行した人たちの話を聞いたことがあるが、それに似たことを勧められる。

一晩でも滞在したならば「月のホテル」に近い体験ができるにちがいない。

ラリーの車が走る国境の砂漠、後方の砂漠が終わるあたりから先がアルジェリア

国境の砂漠、ラリーの砂漠、ノマドの砂漠

運がよければこの先の礫《れき》砂漠に、ノマドの家族が到着しているはずだった。

ラクダに乗って砂丘を越えていくと、大地にへばりつくように生えている植物が点々と続く砂砂漠に変わった。塩分が浮き出して白く固まった地表は干上がった河原のように亀裂が入り、ラクダが足を踏み出すごとに、細かく割れ、乾いた音をさせた。しばらく進むと一気に視界が開け、一本の木すら根を下ろすことを許さない広大な礫砂漠に出た。

「あそこからアルジェリアです」

砂漠案内人のアリさんが、地平線を指して言う。はるか彼方、礫砂

上＝砂漠のなかに建つノマドの家
次ページ上＝アリさんとジミー・ヘンドリックス
　　下＝美しいノマドの姉妹　おしゃれして写真に収まった。

漠の終わる地平線上に、岩壁が続いているのが見える。そこから向こうがアルジェリアになる。

　アルジェリア。高校生のとき、授業として映画館を借りて見た『アルジェの戦い』を思い出した。アルジェリアの独立闘争を描いたこの映画は、アリという不良青年が、無残にも牢獄でギロチンにかけられ死んでいく解放戦線の闘士たちを垣間見て、自らもレジスタンス運動に参加していくさまをドキュメンタリータッチで描いている。迷路のようなカスバと階段、人々の苦悩の顔、拷問、最後のアリの爆死。ナチスにレジスタンスで抗戦したフランス人が、ここでは自由と独立のために闘う人々へ銃口を向ける。高校生の私にはとても衝撃的な映画だった。アルジェリアは、約一〇年間にもわたる壮絶な戦いの後、フランスからの独立を勝ち取ることになるのだが、この映画がグランプリを取ったとき、出席したフランス映画人たちはフランソワ・トリュフォーを除いて、全員が不満を示し席を立ったということを後に知った。折しもフランスは五月革命の政治の季節だった。

　そんな映画も、中東やアフリカを旅するようになると、私のなかで現実味を帯び、遠い国のことではなくなる。映画の舞台になったカス

アルジェの戦い＊ジッロ・ポンテコルヴォ監督作品。一九六六年のヴェネチア国際映画金獅子賞を初め、数々の映画賞を受賞。

アルジェリア戦争＊一九五四～六二年にかけて、独立を求めるアルジェリアとフランスとの間の戦争。

ノマドの家、火をおこす

バの階段を歩いてみたい。砂漠のなかのオアシスの都市や大砂丘。行っていないだけに、「アルジェリア」という言葉は響く。

通り過ぎた砂漠のなかには監視塔があり、国境を見つめるモロッコ兵の姿があった。国境には、たいてい両国を挟んで、あいまいな領域が存在する。あの連なる黒っぽい岩壁がアルジェリアの国境線ならば、礫砂漠の途中がその領域になっている。アルジェリア側でも監視兵がその空間地帯を見ていることだろう。

そんな国境近くでノマドの家族と会った。

小さな泥の家。隣には鶏を飼う小屋。勝手気ままに歩き回るヤギ、生まれたばかりの雛を追いかけるカラフルな服を着た女の子たち。今しがた着いたばかりだと、テント用の杭を打ち終えた女性がアリさんと挨拶をする。もし、ノマドの到着が一日遅れていたなら、私たちは彼女たちと会えないばかりか、食事を提供してくれる別の家族を探して他へ行かなければならなかった。

泥の家はひんやりとして心地好い。必要最低限の寝具と食器だけを収納した家で、その女性は歓迎のお茶を淹れてくれた。砂糖のたっぷり入ったお茶はエネルギー源にもなり、疲れも取れる。

彼女の名前はファティマ。世間話をしながら、アリさんはファティマのことを語った。夫の死後も、七人の子供とともに砂漠に住んでいるのだと言う。広い砂漠を子供たちと、たくさんの動物を引き連れて移動することは並大抵のことではない。砂漠では、いつごろ、どの家族が、どのあたりにいるのかということがわかっているらしい。むやみに砂漠を彷徨するわけではない。だから、ファティマの家族がこの時期に、ここに来ているということを旧知のアリさんは知っていた。

ノマドたちの生活の糧となっているのがヤギや鶏などで、これらの餌になる植物があるところを移動している。育てた家畜を売り、交換することで、乾燥させたクスクスや他の野菜、お茶、砂糖などを買う。だから特別なとき以外は滅多に肉は食べることはない。

水の確保も必要になるが、必ずしも近くに井戸があるとはかぎらない。子供たちがロバに乗って、遠くまで水を汲みに行き、ときには、一、二時間のところを何往復もする。砂漠の生活では家族が全員働き、子供たちにもその役目がある。子供たちはかわいいが、家族の構成員としての役割を持った子供はどこか、きりりとした表情がある。

それでも、写真を撮るというと、おしゃれをして現れた。

ベルベル・ノマドの子供たちとロバ、子供たちもロバもよく働く

「でも、この写真の送り先の住所はどうすればいいの」

アリさんに送れば、いつか届けるという。二年後、ファティマと再会したとき、写真のお礼にと、アンモナイトの化石をいただいた。

「これはなあに」

「この子にアラビア語はわかりませんよ。ノマドのベルベル語だから」

末娘のラヴファンが開いた絵本を見て訊ねていると、横からアリさんの声がした。

「なぜスペイン語の絵本を持っているの」

この周辺は「ダカールラリー」のコースになることが多いから、おそらくスペインの参加者にでももらったのではないか、と言う。

私はフランス人の博物学者で、地質学者のテオドール・モノ氏を思った。二〇歳のときモーリタニアで砂漠と出会い、九六歳まで徒歩やラクダで砂漠を巡り、石や植物を採取し続け、多くの業績や著書を残した。砂漠に住む人々とは親交も多く、そんな彼らの生活を理解し、歴史や文化とともに記録もした。そんなモノ氏は砂漠の住民や自然を

ノマドのベルベル語＊モロッコにはベルベル人が多く住む。アラビア語が公用語になっているからアラブ系のモロッコ人かと思えば、都会で会う人も「私はベルベル人」と答える人が多い。アトラス山脈や砂漠に住むベルベル人の話す言葉は同じベルベル語でも、少しずつ異なるらしい。

無視して走り抜けて行くラリーには反対だった。二〇〇〇年末、九八歳で亡くなったが、モノ氏は反核運動や弱い立場の人たちのためにも闘い続け、死の直前まで杖をつきながらデモにも参加した。今再び、フランスでもモノ氏が評価され始めていると、フランス人の友人は言う。

　夜はヤギの肉入りのクスクスをファティマがつくった。一瞬、朝から隔離されて鳴き続けていたヤギを思い浮かべたが、大鍋を囲んでみんなで食べる夕食は楽しい。ファティマの笑顔をこのとき初めて見た。顔に刻まれた皺から想像するよりも、かなり若いにちがいない。

　満点の星の下、アルジェリアの国境の砂漠で、ダカールラリーの砂漠で、私たちは横になった。隣で寝ると言ったラヴファンは、誰よりも早く寝息をたて始めていた。

砂漠を超えて
—シンゲッティへの旅

モーリタニアに最初に行ったのは、ラマダーン月の終わるころの、冬だった。

私の雇ったガイドと運転手つきの四輪駆動車で、首都ヌアクショットを出発し、サハラ砂漠の古都、シンゲッティへ向かった。

首都のヌアクショットを出ると、四五〇キロ先のアタールまで続く砂漠のなかの舗装道路を走る。

太陽の光を受けて、まぶしく反射する白い砂漠。遠くに連なったオレンジ色の砂丘。緑の並木に見えるのは蜃気楼。白いモスク、伝統的なサハラの家、いつ来るとも知れぬ客を待つレストランの四角の建物、

次ページ写真＝ヌアクショットからアタールの間に見られる白い砂漠

原型をとどめない乗り捨てられた車、草を食む数頭のラクダ、円い葉の塩生植物、ねじれたアカシアの木……。視野に入ってくるものすべてが、砂漠というキャンパスのなかで、光を浴びて絵画になる。

砂漠に張られたテントで休めば、勧められるのは淡白な味のラクダのミルク。かたわらで教科書を広げる少年はいったいどこの学校へ通っているのか。およそ、人も家も数えるほどしか見ることはないのに。

砂漠は、砂浜のような砂砂漠から、濃い茶色の岩山、岩石砂漠に変わると、一瞬にして通り過ぎてしまいそうな、アクジュジットの小さな街が現れる。

昼食は途中のオアシスで、屋外料理。ガイドたちは、砂漠を移動するための携帯コンロで煮たマトンに、モーリタニアの伝統的な作法で淹れたミントティーを用意してくれ、私はアカシアの木の下で客になった。

アタールに近づくにつれ、岩肌が露出した岩石砂漠が続き、小さな街に入るころにはモスクに緑色の光が灯った。街の上を流れる川は、流れを止め、水を蓄えた長い池になっていた。坂道を上る車からは、水辺のナツメヤシの集団がうっそうとした森に見える。車はスピード

アタールに続く舗装道路、白い砂漠のなかを進む

を上げ始めた。

光り輝いていた砂漠も、陽が傾くにつれ、色を失い沈黙の砂漠に変わる。気温も下がり、窓から入る風は湿り気を含んで冷気さえ帯びてくる。

少しずつ、街の灯りが見え始めた。モーリタニアの北部で最も大きな街のアタールに入った。砂漠を走ってくると、その灯りがまぶしい。ここから、さらに一〇〇キロ先のシンゲッティへ向かう。大きな街とはいえ、一瞬にして通り過ぎる。振り返るとアドラール地方独特の岩山が、夕日を背にシルエットを刻んだ。沈んでも尚、太陽は最後の光を放ち、空のうろこ雲だけを美しいピンク色に染めた。数頭のラクダが、礫《れき》の道を横切った。ここから先は舗装された道ではなくなる。

すっかり暗くなると、夜目にも険しいアモグジャール峠を、運転手はヘッドライトを頼りに慎重に越えた。最後の検問を通過すると、今度は平地を、轍《わだち》の跡を振動させながら力走した。見渡すかぎり灯りはなく、木々の影もなく、大小の岩の転がる礫砂漠の上に、瞬く無数の星だけが生き物に思えた。

半日近くかけて、ようやくシンゲッティに着いた。車で到着したオ

上＝いたずらな子ヤギが塀の上を走る
下＝伝統的な石積みの家、ヤギが遊んでいる
次ページ＝すべてが砂に返りつつある建物

アシスの街だが、かつては、ラクダのキャラバンが気の遠くなるような、生死をかけた砂漠の長旅を経て、辿り着ついたのにちがいない。

私はひんやりとした部屋に荷を降ろした。砂漠のホテル、オーベルジュ・カラバンヌは、簡易な小さな部屋に分けられた建物が幾棟かある。暑さと寒さを防ぐためか窓はひとつ。長方形の部屋に沿って数枚のマットレスが敷かれていた。これが一般的なサハラスタイルの宿で、本来ならば四人部屋になる。気温二四度にして、シャワーを浴びる気にもならないほど冷ややかな砂漠の冬の夜。レストランで、ラクダの肉入りソースのパスタを食べ、マットレスの上に持参した寝袋を出して眠った。つけたままの電球は、いつしか消えていた。

翌朝、ガイドとともにシンゲッティを歩く。

シンゲッティはどこへ行っても砂がある。オーベルジュの裏の、砂に埋もれるようにある墓地も、何度も砂で覆われて、現在は七層にもなっているという。

砂丘を背にした旧市街へ行くために乾河を渡る。かつて、幅五〇メートルもあった大河は、水が砂に代わり、今では道路になってしまった。家々も砂のなかにある。ほとんどが砂に埋もれ、廃墟も多いが、

前ページ＝シンゲッティ旧市街、水道塔が見える。手前の平地はかつて川だった

シンゲッティの街、左に見える塔がモスクになっている

三分の一以上も砂に埋もれた家の戸口に立つと、人の住んでいる気配がする。高台に建つ水道塔も、何世紀も前のモスクも、シンゲッティの伝統的な小石を積み重ねた堅牢な家々も、いずれ、埋もれていく運命にある。ここは世界遺産の文化遺産に登録されているが、「危機にさらされている世界遺産」のリストには加えられていない。新市街も、オレンジ色の砂が、塀や戸口に押し寄せている。

オーベルジュへ戻ると、フランス人の新たな団体客が到着していた。昨今、フランス人には人気の砂漠観光地になっているシンゲッティは、観光シーズンのみ、パリやマルセイユからアタールへの直行便があり、彼らは毎日のようにやってくる。私がヌアクショットから車で辿り着いた時間よりも速く砂漠に直行することができる。彼らの目的は砂漠を体験することにあり、ある程度不便でも、それをも楽しむ。そして、夕食をとりつつ、議論をする。フランス人とて、この国のことについて深く知っているわけではないが、とにかく感想を述べ合い、論じる。それが高じてか、昨晩の夕食時は賑やかだった。

砂漠に沈む夕日を見ようと、車で近くの砂丘へ上ると、三日月状の

上＝オーベルジュ・カラバンヌの窓
下＝階段を登ると、青く広がる空がある

上＝砂に埋まりつつある民家
下＝砂漠のホテル、オーベルジュ・カラバンヌ

砂丘が、まるで海の押し寄せる波のように、どこまでも続いていた。この波が、徐々に、シンゲッティへ進行している。数台の四輪駆動車が砂丘を登り、観光客たちは砂丘の頂上からシンゲッティや、さらに遠くの、アタールまで続く礫砂漠を見下ろす。砂漠に沈む夕日は、美しいが、寂しい。シルエットを刻む巨大な砂丘もなければ、建造物もない。

その建造物の多くは砂に呑まれてしまった。太陽が最後に白い光を放って消えると、砂丘に少しずつ闇が忍び寄る。

車で登って夕日をみた砂丘の上

砂漠の図書館
―砂漠のソルボンヌ

モーリタニアの砂漠のなかにあり、背後から押し寄せる砂丘に呑まれつつある古都、シンゲッティは「馬の泉」という意味をもつ。サハラ交易の盛んだった十一世紀ごろからラクダのキャラバンの中継基地として、メッカ巡礼《ハッジ》への旅人の拠点として栄えた。やがて、キャラバンが衰退し、砂漠化がシンゲッティを襲う。街を流れていた大河が、砂の川に変わったのはそう古くはないらしいが、砂漠化により、多くの人々は街を出た。廃墟となった家々だけでなく、住んでいる家にも、日々、砂が押し寄せている。現在、ここがサハラ砂漠のなかの、緑のオアシス都市であったころの面影を見出すのはむずかしい。

上＝シンゲッティの図書館に保管されている写本
下＝学習用にイスラームの聖典クルアーンを模す
　　砂漠化が進んでもモーリタニアでは敬虔なイスラームの街
次ページ上＝砂に埋もれる図書館の入口（シンゲッティにて）
　　下左＝２回目に訪れたときには砂がきれいにどけられ、看板もできていた
　　下右＝図書館の内部、写本が保管されている中庭に続く扉

مكتبة آل حبت شنقيط
BIBLIOTHEQUE AL HABOTT
Manuscrits , imprimés , musée
et produits de l'artisanat

مكتبة أهل حبت
BIBLIOTHEQUE HABOTT
مكتبة آل حبت شنقيط
BIBLIOTHEQUE AL HABOTT
Manuscrits , imprimés , musée
et produits de l'artisanat

PARTIE DES
MANUSCRITS

次ページ＝砂に埋もれる民家、シンゲッティの街では、よく目にする光景

ところが、シンゲッティには博物館や図書館が多くある。たくさんのアラビア語の写本が保管されているのは、ドアまで砂が迫ってきている旧市街の図書館。哲学、法学、医学、数学、天文学、化学、地理学、歴史学、論理学、文学、詩……、と、イスラーム文化を網羅するあらゆる種類の本が整理されている。なかでも、大切にガラスケースに収められている皮装丁の本は、アヴェロイスの著書だという。

アヴェロイスはラテン語名、アラビア語ではイブン・ルシュド。コルドバで生まれた、十二世紀の大哲学者である。イブン・ルシュドは、ギリシア哲学、アリストテレスの註釈者として有名だが、後にその著作を通じて、ヨーロッパキリスト教へ、初めてアリストテレスの概要が知らされることにもなる。イスラーム法学を修めただけでなく、医学においても稀にみる天分を示し、哲学においては世界的思想家のひとりになった。

このころ、北アフリカではムラービト朝から、イスラーム改革運動を基盤として建設されたムワッヒド朝に遷り、マラケシュを首都として、イベリア半島からマグレブ、リビアまでも領域を広げ、イブン・ルシュドらの活躍によって、アンダルシアのイスラーム文化が頂点を

きわめた。イスラーム世界では、哲学だけでなく、この図書館に保管されている本のような、あらゆる学問に精通していなくては学者とは言われない時代だった。

内陸アフリカと北アフリカでサハラ交易が、ラクダのキャラバンによって定期的に行われるようになったのは十世紀。それは地中海、イベリア半島までもひと続きになる。主たるものは、塩と金で、サハラ砂漠の岩塩と、サハラ南部、サバンナの金とが交換された。イスラーム世界の求めたのは、安定した商業活動のための、良質な金貨を鋳造する金だった。この交易で、多種多様な産物とともに、サハラ南縁地域諸国の情報も知らされることになる。

シンゲッティやワダン、チシットから、東のワラタを経て、黄金郷、トンブクトゥ、ジュンネへ。さらに、ナイル川以西からチャド湖、ベニエ川、ニジェール川、セネガル川流域までアフリカの東西にまたがる、サハラ砂漠南のサヘルやサバンナ地帯の黒人たちの国々（アラビア語ではビラード・アッ・スーダーン）、スーダーンへ。無数の言語や独自の文化をもつ民族や小国家が、網の小さな結び目のように繋《つな》がり合って、広大なアフリカの交易路をつくった。

上＝シンゲッティの街のお店　いつ行っても閉まっていたが、
　　三度目に行ったときにはなくなっていた。
次ページ＝モーリタニアの伝統的民族衣装ブーブーを着た男性ふたり

押し寄せつつある砂丘の丘で、シンゲッティにて

アフリカ、マグレブ、アンダルシア、中東までの外交活動や貴重な情報、産物が、砂漠にも溢れた。

「アンダルース（アンダルシア）から」。

モロッコでもそうだった。シンゲッティでも、同じアラビア語が返される。あらゆるものがアンダルシアの影響を受けているという。コルドバは世界の中心で、憧れの都だった。

そのイベリア半島と同じ文化だったシンゲッティ。大学を備えた文化都市としても存在し、人々はたくさんの写本を買い求めた。富豪たちは交易で得た私財を投じて教養を身につけた。現在、およそ一〇カ所の図書館があり、一万冊以上もの写本が残っている。そんなシンゲッティを「砂漠のソルボンヌ」と呼ぶ。一二〇キロ離れたワダンにも図書館があり、和紙で修復された写本が保管されている。広大なサハラ砂漠のなかには、このような図書館が多々存在している。

今も砂漠の古都に保存されている「知」の遺産。シンゲッティの人たちは伝統的な家々が砂に埋もれていくなかで、残された書物をとても誇りに思っている。

私は砂に足を取られつつ、シンゲッティを歩く。いたずらなヤギが石積みの塀を登り、逃げ回り、ラクダの群れが砂の川を行進し、ノマドがオーベルジュの井戸へ水を汲みに来る。青い伝統的なブーブーを着たふたりの男たちは、すれ違いざまに「どこから来たのか」と声をかけている。女たちは鮮やかな絞り染めの布、ヴォワルをまとい、振り向いて「くすくす」笑う。十二世紀に建てられたモスクからは、アザーンが流れる。敬虔なムスリムであるガイドは、その呼びかけに応じてサラート（礼拝）の時間だと、モスクへ急いだ。時は過ぎても変わることのない日々の営みが、今もある。

「皆さんといっしょに散歩に行かないのですか？」

ひとり、宿に残ったフランス人団体客のマダムに声をかけ、ヌアクショットから持ってきたペリエを勧めた。

「私は、このとおり年寄りだから。でも、サハラに来られて、ここで、こうしているだけでも幸せなの」

マダムは膝の上の本を抱きしめた。

それはシンゲッティの歴史が、美しい砂漠の写真とともに紹介された本だった。

次ページ＝風が刻みつけた美しい風紋

砂漠を駆けるＮＧＯ

私の二度目のモーリタニア行きは、ひとり旅をした後の、四カ月後だった。

モーリタニアは、アフリカのなかでも最貧国のひとつに数えられ、砂漠化が深刻な問題になっている。都会のモーリタニア人は美しい砂漠を自慢するが、それは観光のことであって、実際に住むこととは別問題である。そんな砂漠で、一〇年以上さまざまな援助活動をしているＮＰＯ法人「セーブ アフリカ」のメンバーといっしょの旅だった。医療支援や農業・生活指導から、砂漠で人や物資を輸送するには絶対必要な車両の保守・修理などを主な活動として、モーリタニア中、サハラ砂漠の奥地の村にまで車で出かけていくＮＧＯで、私の参加した

次ページ＝砂嵐の中を進む

のは医療を中心に、栄養指導、菜園・養鶏指導などを行うチームだった。

首都ヌアクショットから二台の四輪駆動車でアタールまで行き、砂漠で野宿しながら、アイン・サフラという小さな村へ向かう。

しかし、砂漠の四月から五月にかけては季節が夏に移ろうときで、最も気温が高く、不安定な天候は、時折軽い砂嵐を起こす。空はオレンジ色に染まり、エアコンのない車内は猛烈な暑さが襲う。夜は、砂まじりの風をよけながら、バケットをかじり、寝袋で眠る。荷台に積まれたのは、私たちのための飲み水や車の燃料、プロテイン、オートミール、医療品、医療に伴う発電機など、善意の協力で託されたたくさんの援助物資。その重さゆえに、砂丘を越えるときにはさすがに苦労する。深夜の走行中、スタックした車を砂まみれになりながら、みんなで押したのだった。

それでも、見渡すかぎり、どこまでも続く砂漠の風景は飽きることはない。白、オレンジ、グレーの砂丘、変化に富んだ岩石砂漠や礫《れき》砂漠と、モーリタニアにはあらゆる砂漠がある。最後に水やオイルを積み込んだアタールの先からは、まったく人の気配のない、礫砂漠や砂

アイン・サフラ村の家々

砂漠のオフロードを走り続ける。そんな砂漠を超えていったところに、アイン・サフラの村があった。

少しずつアカシアの木やラクダの姿が視界に入ってくると、人の住む砂漠であることがわかる。カラフルな衣装を着た女性たちが迎えに出てきた。メンバーたちは旧知の人たちとの再会と、子供たちの成長を喜び、私はこれまで行ったどことも違う村を見渡した。

真ん中にナツメヤシの茂る砂の谷を挟んだ、ふたつの台地がアイン・サフラの村だった。礫砂漠の上に砂が降った土地で、そこには畑も、木々の緑もなく、遠くに、いずれ近づいてくるかもしれない砂丘がオレンジ色に輝いていた。村人の住むのは、木の幹を組み、ナツメヤシの葉を絡ませた質素な家。オーベルジュにもなる日干しレンガの家が数軒と、白く塗られた日干しレンガの建物が学校で、それ以外に目立つ建物はない。商店もない。電気もないから、電柱もない。

その学校が、臨時の総合病院と歯科医院になる小学校だった。そこで教えるバー先生が、患者の病状の訴えを、ハッサニア訛りのアラビア語からフランス語に訳し、それを通訳のミチヨさんが日本語で、医師の相原さんと看護師の山路さんに伝える。一方、歯科医師はヌアク

アイン・サフラ村に立つ不思議な標識
これを叩いて授業の始まりを告げる

ハッサニア訛りのアラビア語＊モーリタニアで話されるアラビア語のアンミーヤ（方言）。モーリタニアはアフリカに位置するが、アラビア語を話す国として、アラブにも加えられる。

ヌアクショットで開業するヤヒア＊現在、モーリタニアの大学には医学部、歯学部はない。ヤヒアはチュニジアに留学して学んだ。

ショットで開業するヤヒア。歯科に関してはむずかしい言葉は必要としないが、「セーブ アフリカ」の代表でフランス語の通訳の志賀あけ美さんが、歯科助手の私とイチコさんとの間を取りもつ。時間がかかるようだが、砂漠で寝食をともにして以来、お互いの意思の疎通は容易に取れるようになっている。そして、その隙間の仕事を、まさに縫うようにしてノブさんが走り回る。日本では技術職のノブさんだが、歯科治療用のタービンを使用する発電機の作動から、うがい用の水も、使用後の水も、ノブさんが運ぶ。私たちの朝食までもノブさんが率先して準備をしてくれる。

各々の役割だけではなく、医療施設が整っていないところでは、各人の持っている能力をすべて出し切って活動することになる。医療だけにかぎらず、必要なものがないところでは、メンバーが多彩なほど、どんなに小さなことであれ、個々人の知恵と経験が大きな効果を発揮する。

診療ができるのは、朝から午後一時くらいまでで、大地が暖められて暑さが最高潮に達する三時ごろには、とても動くことはできない。それでも、炎天下で並んで待っている患者のことを思うとがんばれる。

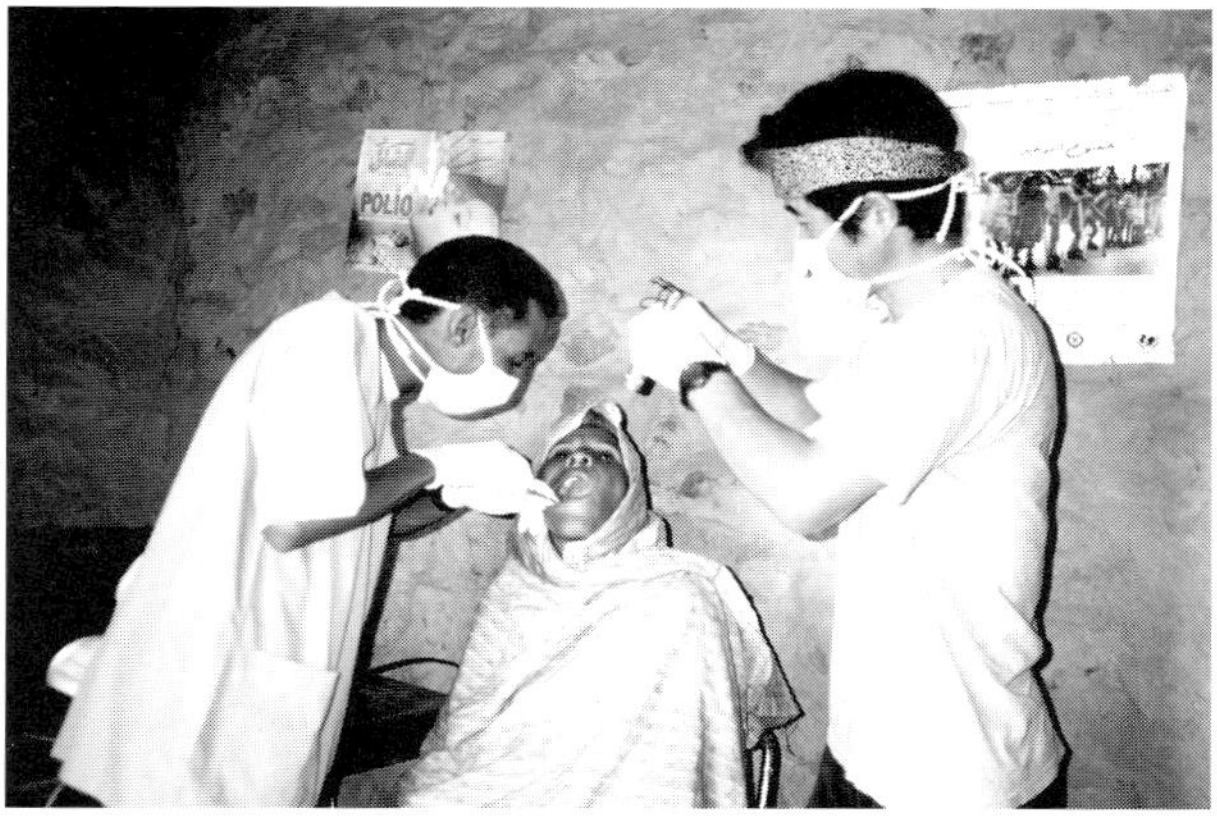
気温四〇度以上のなかで歯科治療をするヤヒア医師（左）と助手を務めるノブさん

嬉しいのは、休憩時間に誰彼となくコンロを運んできて火をおこし、お茶を淹れてくれることで、一杯のお茶が雰囲気を和らげてくれる。

当然のように患者の多くは腰や背の痛み、膝関節痛や筋肉痛を訴える。村人は半遊牧で生計を支え、力仕事も多いにちがいない。慢性気管支炎、気管支喘息《ぜんそく》などの呼吸器系の病気や、結膜炎や白内障、幼児の外耳炎や中耳炎も多い。砂漠の生活による砂が災いし、何よりも食料が自給できないために、栄養が十分に採られていないことも病気の原因と無関係ではない。無医村もネックになっている。アカシアの刺《とげ》がささったままの患者も多く、足を切開し爪楊枝ほどの刺を取り出す手術もした。中耳炎が悪化した幼児を診て、片方の耳は聞こえないだろうと、相原さんは言う。たぶん、そうして聞こえなくなっている人はもっといるのだろう。ところが、甲状腺異常の患者が見つかったが、なんらの治療もできず、最後まで、彼のことが私たちの話題になった。

一方の歯科は、悲しいかな、ほとんどが抜歯だった。歯冠形成、充填治療はわずかで、一気に四本抜かれた患者もいた。一年に一度の訪問では治療に限界があり、カリエスの進んだものは抜歯の方法をとらざるを得ない。また、多くの村人の歯は真平らになっていた。常に空

小学校の前でプロテインを配る（アイン・サフラ村）

を漂う砂は日々の食事にまでも入り込み、それを噛むことによって歯は研磨されてしまう。歯の上部が削られ、歯が小さくなることによって、隙間ができ、親知らずと呼ぶ八番目の歯を並ばせる余地をつくる。日本人ならば普通は左右七本ずつ、上下で二八本の歯が並ぶところが、なかには九番目の歯までも正常に生え、三六本の歯がある人までいた。その全部が健康な歯である人は少ないが、それらは咬合《こうごう》している。歯が多いから、健康なわけではない。砂が原因によるものである。ヤヒアは汗を流しながら、気温四〇度以上のなかで、五〇人以上の患者の抜歯を割ることもなく見事に行った。

夜になると暑さも和らぎ、過ごしやすくなる。村人たちが音楽で歓迎会をしてくれるらしい。唯一の太鼓と大きな洗濯用のタライを叩く。これがとんでもなくむずかしく、難解なメロディーを奏でる。踊りやリズムを合わせることも至難の技。月夜はそう明るくない。懐中電灯で照らされて、腰が痛いと言っていた人が踊り出す。砂漠のウサギのような、鳥のような踊りが手拍子とともに始まる。小さな女の子も踊り出す。本業は医者だがライブもする、アルトサックス奏者の相原さんがハーモニカを吹く。私たちも有志が踊る。医療援助だけれど、私

村人たちが音楽で歓迎をしてくれる

たちは年に一度の、遠い異国からの客になり、娯楽の少ないアイン・サフラの村の、小さな祭りの輪のなかに入った。

陸の孤島のこの村は、本当に何もない。紐、一本でも貴重品になる。何もないから、失うものもない。だから、人々は明るく、やさしい心を持っている。そんな彼らと接すると、日本の生活での些細なことは吹き飛ぶ。まずは、本来の「生きる」という基本的なものから見直さなければと思うようになる。

アイン・サフラを去って、シンゲッティへ活動の場を移し、ひとりで、知人を訪ねた道すがらのことだった。

「セーブアフリカの人ですか」

暗闇から突然、男性が声をかけてきた。

「昨年診てもらった母も子も元気になりました。是非、会っていってください」

アイン・サフラで、出産による出血多量で衰弱した母と子を診たが、たぶん生き延びてはいないだろう、という話題の母子のことだった。鉄剤と栄養剤を与えるしか術がなかったと聞いている。ところが、こ

衰弱した母と子＊モーリタニアの小児死亡率（一～四歳）は一〇〇〇人に対し八五人。乳児死亡率は一〇〇〇人に対し一九人（日本の四倍）。

モーリタニアの医療事情

病院一二カ所（診療所三八カ所）、救急車数、国内で五〇台。医師一七〇人、歯科医師六〇人（二〇〇〇年）。

セーブ・アフリカのメンバー＊二〇〇三年、医療班としてこのとき参加したメンバー八名は以下の通り。志賀あけ美　代表（現地交渉・栄養指導）／相原　力（内科医）／山路公江（看護師）／須藤三千代（通訳）／志賀信栄（農業指導・機器メンテナンス）／泉　一子（歯科助手）／モハメッド・アハメッド・ヤヒア（モーリタニア人歯科医師）／加藤智津子（歯科助手・記録）

こで元気に生きているという。生きたい、という意志は母と子をたくましく、強くさせたにちがいない。

これを聞いた、セーブアフリカのメンバーは誰もが心から喜んだ。

二〇〇三年のモーリタニアのアイン・サフラで活動した季節は、特別に暑かった。

ほとんどの村人が午後の外出を控えたくらいだ。日々、気温は上がり、最終日には日中の気温は摂氏五二度に、地表温度は六八度までになった。

お昼近くに、砂の谷を挟んだ反対側の集落へ、指導した野菜の栽培状況を見に行くというので、私も後に従った。砂の谷へ降りたのはいいが、太陽で焼かれた砂の熱さは思いのほか厳しかった。日差しと足元の砂、上からと下から、全身を刺すような暑さが襲う。思考もぼんやりとし、さらに暑さが増す数十分後か、数時間後に戻って、再び砂の谷を歩く自信が失せた。新参者の私とイチコさんはこの暑さに負け、引き返すことにした。これをイチコさんは「プチ遭難」と呼ぶが、そのまま行っていたら私たちは倒れていたかもしれない。しかも、住居

押し寄せる砂に埋もれたナツメヤシ　二年前までは林になっていて木陰をつくっていた（アイン・サフラ村）

のすぐそばで。

砂漠に水を注ぐということは、熱したフライパンの上に水滴を落としたときのように、一瞬にして蒸発してしまう。そんな砂漠の村で、近場の井戸からとはいえ、毎日水を運び、野菜を育てるということは容易なことではない。それでも、菜園で小さなトマトが実ったのはすばらしい成果のように思えた。

数年前までは、村人は二、三時間もかけて遠くの井戸まで水を汲みに行っていたのが、「セーブ アフリカ」の援助で、砂の下の岩盤を砕き、井戸を掘った。その車両の輸送だけでなく、工事もたいへんだったと聞く。井戸は七八メートルもの深さがあるが、足踏み式のポンプで汲み上げるため、子供や女性たちでも容易に水を汲むことができる。菜園だけではなく、水が身近になったことで、生活は著しく向上し、体や髪を洗うことが定着し、衣服も清潔になったという。

「セーブ アフリカ」は支援活動することによって、生活をよりよく改善してもらいたいと望むが、あくまでも自立を促す。それは与えるだけのボランティアではなく、そこから先は彼らが努力することにあると考えている。

小学校の前で歯みがきの指導をするセーブアフリカのメンバー（アレール村）

よくあることに、援助により砂漠に井戸を掘ったのはいいが、ちょっとした故障で使用不可能になり、そのまま放置されている場合もあると聞く。アイン・サフラでも実際、そういうことは起こった。電話もなく、交通手段もほとんどない砂漠の過疎の村で、部品を取り寄せるのはたいへんなことだが、幸い、数カ月後の派遣チームによりそれらはクリアーできた。しかし、その間、村人たちは壊れたポンプはそのままにして、以前の遠い井戸へ水を汲みに行くのだった。もとの不自由な生活へ戻ることは、耐えることに慣れてしまった村人には大きな問題ではないかもしれないが、すぐに、とは言わないまでも、村人でなんとか解決策を講じてもよさそうに思える。これまでにＮＧＯが井戸を掘るまでこぎつけてきた努力も、たった一つの付属品の交換ができないために無と化すのは悲しい。そんな彼らの意識改革こそ、「援助」とともに重要な課題になる。

毎日水を与えてこそ、木々は育つ。酷なようだが、成果がすぐに見出せなくても、彼らの日々の努力の積み重ねこそが、少しでも自立への道へ近づくことになると信じたい。

上＝アイン・サフラ村の村長さんの夫人　教室の壁には保健省のポスターが貼られていた。
下＝アイン・サフラ村の上級生のクラス　以前は机といすもあったのだが・・。

アイン・サフラ村につくられた
足踏み式ポンプの井戸

ＮＧＯが医療活動や農業指導の他に行うことに、村人へ善意の委託品の手渡しがある。今回は杉並区の小中学生がバザー活動をして買ってくれたサッカーボールを進呈した。子供たちにとっては憧れの、正式のボール。気温四〇度近い炎天下でも、小石が転がる大地でも、彼らは村の若い先生の指導の下にボールを追いかける。革のボールで足を突き指しつつも、嬉しそうに走り回る姿はなんともほほえましい。

日本の子供たちがバザーの収益金でサッカーボールを買い、「セー

「セーブ アフリカ」二〇〇三年の活動メンバーといっしょに（左端が著者）

ブ アフリカ」がそれを託される。それを受け取るアイン・サフラの子供たちの喜ぶ顔。村で活動するだけではなく、きちんと見える善意の橋渡しができることに、心から幸せを感じる。

私は、これまで、私なりに気ままな旅を楽しんできた。名所旧跡を訪ねる旅は、そう興味はないし、リゾートを楽しむ気もない。私は自分の生活とは違う世界を歩き、なるべくその国の流れに従い、その国の食事をし、その国の人と出会い、新たな、小さな発見を旅の楽しみとしてきた。ＮＧＯは厳密には、旅とは違うのかもしれないが、普段の生活から脱出して外国へ行くことには変わりはない。それを旅と考え、導かれるように、来たるべくして出会ったサハラ砂漠で、これまでの「お客さま」とは違う方法で砂漠を歩くのもいいのではないかと、このごろ考えるようになった。

「アイン・サフラ」とは「黄色い井戸」という意味だと聞いた。かつては、ここはキャラバンの立ち寄るオアシスの村で、水の豊富なところだったらしい。そのような村はサハラ砂漠のなかには多々存在する。

彼らのほとんどは遊牧を生業とし、家畜を売ることによってわずかな現金収入を得るだけである。食料も自給できないだけでなく、交通手段もほとんどなく、外からの食料や生活必需品を入手するのは容易なことではない。

これに砂の脅威が追い討ちをかけている。

二年後に出かけた村は、唯一の宿泊施設のオーベルジュの前に、なんとスナネズミやゴミムシダマシの生息する小高い砂丘ができていた。それだけではなく、砂の谷にはさらに砂が降り積もり、指導してわずかながらも収穫のあった畑が消え、ナツメヤシですら幹は半分以上砂に埋もれていた。

砂の動きは想像する以上に早い。それでも、人々にとっては生まれた村であり、愛する家族とともに生きていく村なのである。

今後も、そんなサハラ砂漠のなかの村を訪ねて、最強のメンバーとともに可能なかぎりの活動をしたいと思っている。心優しい砂漠の人々と会うためにも。

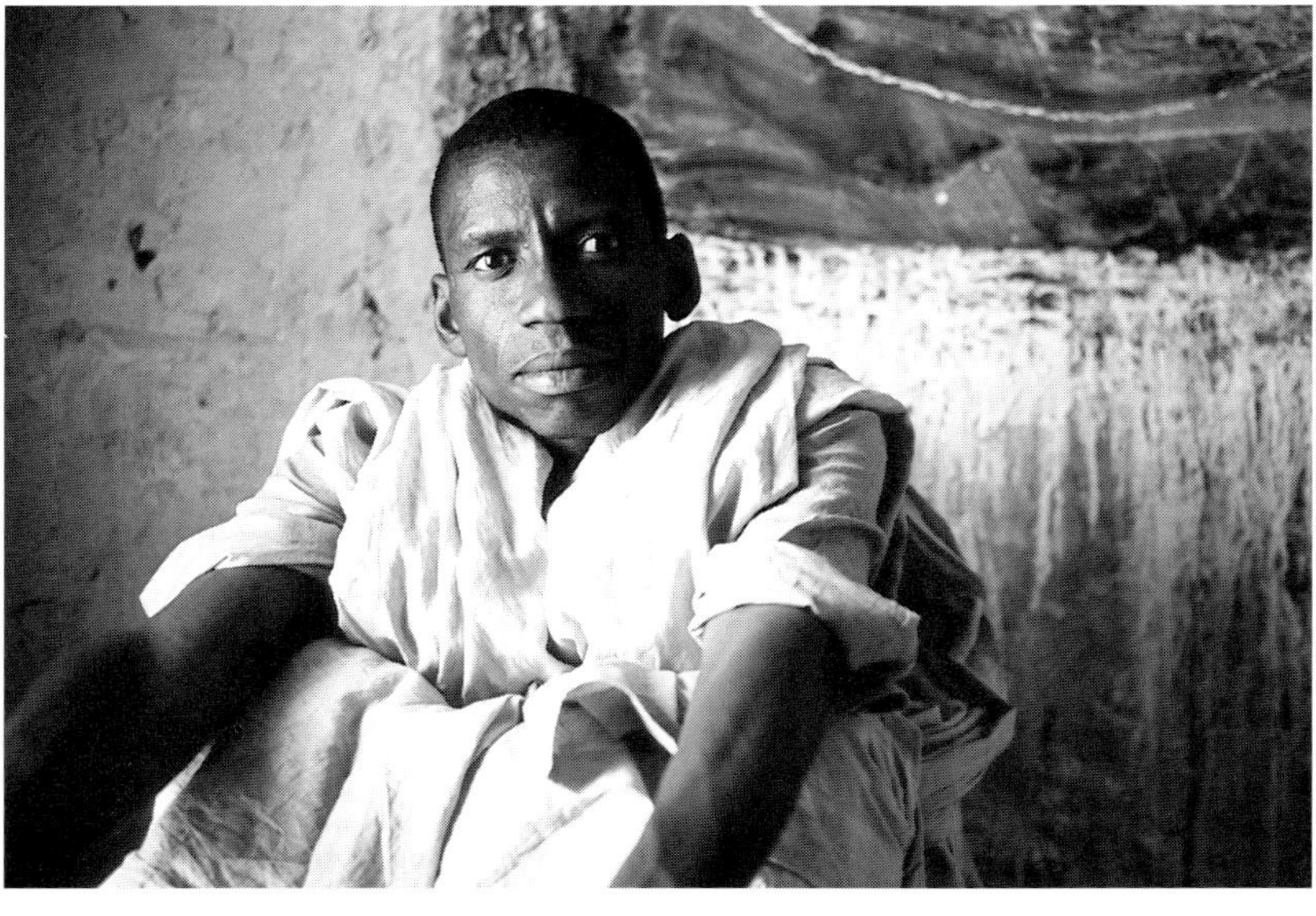

上＝砂が動く、砂漠では風が見える
下＝「セーブアフリカ」で2004年から活動を開始したアレール村で。アレール村の先生、いつも子供たちや村の人々のことを考えているが、単身赴任の砂漠住まいはたいへんという

砂漠に生まれて

―ノマド、あるいは砂漠のビジネスマン

「砂漠に快適さを求めてはいけない」

気温四三度、砂の舞い続ける砂漠で、私たちを嗜《たしな》めるように言う、エレイヤ。彼はモーリタニアの砂漠でNGOの活動をする「セーブアフリカ」のメンバーを砂漠に運んでくれる運転手。

砂漠にはノマド（遊牧民）が集まって暮らす、ブルースと呼ばれる小さな集落や部落があるが、エレイヤはそこで生まれ、今もそこに住み、砂漠をわが庭のように四輪駆動車で走る。過酷な「ダカールラリー」の難所とされるモーリタニアの砂漠地帯で、故障した車に修理用品を届け、リタイアしたドライバーに代わり、その車を運転する。痩

熟練の砂漠のドライバー、エレイヤ

せて、長身、顔に刻まれた皺は年齢よりも老けて見える。多くのモーリタニア人のように、Tシャツにゆったりとしたズボンをはき、ブーブーという民族衣装を着る。その容姿と知識の豊かさ、適切な判断力、発言するひとこと、ひとことが、仙人を思わせる。

砂漠の奥地で活動するNGOにとって、絶対に必要とされるのが、オフロードを走ってくれる運転手。砂漠の奥地の過疎の村で活動をするためには、砂砂漠や礫《れき》砂漠を経て行かなければならない。エレイヤは先頭車に乗り、より合理的な道《ピスト》を選び、なおかつ安全に走る。休憩時間や眠る場所を決めるのも彼で、私たちはそこで休み、食事をし、寝袋《シュラフ》で眠る。地図を出してルートを尋ねると、彼は道のない地図に線を引く。砂漠にある井戸の場所も心得ていて、その味の良し悪しまで知っている。

サハラ砂漠には多くの古代遺跡が点在するが、その遺跡のひとつへ連れて行ってくれたのは、エレイヤだった。砂漠のなかに、黒っぽい大きな石がまとまって、砂の上に重なっていた。明らかに人の手を加えたと見られる穴があけられた石群は新石器時代の住居跡だと言う。

「さっきのフランス人たちが通る」

遺跡から少し来たところで車を止めて、遠くを見つめたエレイヤが言う。しばらくして、私の目でもバイクの人たちが見えると、ふたりで彼らに手を振った。砂漠の民として目もいい。

アイン・サフラで出た医療ゴミを遠くへ運んで捨てようと提案し、砂漠の野宿先でそれを燃やしたのもエレイヤだった。物資の少ない村人たちは、役に立ちそうなものはどんなものであれ利用するのを知っているからだ。

エレイヤは食事を多くは採らない。なぜならば、いつ砂漠で、食べられない状況下におかれるかもしれないからだ、と言う。砂漠で生きる小動物はとても小食で、数カ月間も食べなくても生きていけるものもいる。だからといって、それが人間に当てはまるわけではないが、彼は私たちのように食べることが快楽に結びつくことはない。もっとも、砂漠に住む多くの人々は自らの意思ではなく、実際に食べるにも乏しい生活をしているが。

そんなエレイヤの嗜むのはタバコ。モーリタニアの喫煙家は革のタバコケースを腰に付け、刻みタバコを取り出してキセルに詰めて吸うが、これもほんの少し吸う。

アリさんとジミヘン、鼻筋を撫でられて気持ちよさそうに目を閉じる

砂漠のある国の、誰もが砂漠に慣れ、親しんでいるわけではない。日本で会う外交官はほとんど行ったことはないと言うし、その国の首都に住む人たちは、私のように砂漠で寝起きするというと、皆、驚異の目をする。しかし、エレイヤのように砂漠で生まれた人たちは、騒々しいだけの都会よりも、家族とともに過ごす静かな砂漠の生活を大切にしている。

「空は青く、砂漠は黄金に輝いています」
「とても静かな砂漠です」

こんな便りをメールや手紙で送ってくれる、モロッコのメルズーガに住むアリさんは、私に砂漠の美しさと現実を教えてくれた最初の人だった。私はアリさんに出会わなければ、砂漠通いはしていなかった。

今では定住して、一族が同じ敷地のなかの家に住むが、アリさんの両親まではノマドだった。だからアリさんも、砂漠の些細な地形から、気候、星のことまでも熟知している。砂漠の小動物の行動までも手に取るようにわかる。美しい砂漠を愛しているが、危機に関しては、アリさんのなかにあるノマドの遺伝子と経験が機敏な行動をとらせることもある。私たちの乗るラクダの足かせをするのを忘れてしまった朝、糞を頼りに出かけていき、行方不明のラクダを引き連れて戻ったときには、尊敬の拍手をおくった。

先祖からそうであったように、今も砂漠に住み、過酷な遊牧生活を続ける人たちは少なくない。砂漠の近くで定住している人たちも、誰もがノマドには優しく、親切にする。アリさんは、そういう生き方もあり、そういう生活をしている人たちもいることを知ってもらいたいと言う。

私は美しいだけの砂漠ならば、幾度も通うことはなかった。刻々と姿を変える砂漠の自然には、そこで生きる、生物や動物、人がいるからこそすばらしいと思える。そんな出会いへと導いてくれたのは、アリさんだった。

モーリタニアに最初にひとりで出かけたとき、私は旅の見積もりを数軒のオーベルジュを経営し、NGOに協力的なアハメッドに聞いた。ところが、とんでもない金額を吹っかけられ、私はなんら予約もしな

上＝遊牧をしているノマドの少年
下＝ベルベル人のノマドの親子

いまま、ヌアクショットに向かった。運良く、交渉の結果、その金額の半額以下で運転手とガイドを雇うことができたが、彼の評判は思わしくなかった。当然、私も彼にはいいイメージは抱かなかった。

「アハメッドは私と同級生だった。普通の学生だったよ。でもね、外国人観光客を相手にビジネスを始めると、人が変わったんだよ。金の亡者に」

NGOで砂漠へ行く準備をするためにアタールに滞在したとき、偶然再会したガイドが言う。彼は、私が一年前にワダンに滞在したオーベルジュで夕食をともにしたフランス人といっしょだった。彼の経営するオーベルジュでお茶を飲みながら、アハメッドの話題になったのだった。

「今、アハメッドもそこに来ているのよ」

「久々に話しに行こうかな」

彼らが旧交を温めたどうかはわからないが、アタールのアハメッドのオーベルジュでしばらく楽しそうに話していた。

アハメッドはオーベルジュの設計、デザイン、メンテナンスにいたるまで、客をひきつけるアイデアを生み出す才能がある。シーズンに

砂漠のビジネスマン、アハメッド（中央）、NPO法人「セーブ アフリカ」の代表志賀あけ美さん（右）とメンバーの志賀信栄さん（左）とともに。

は彼の「オーベルジュ・カラバンヌ」はフランスからの団体客で満杯になる。今ではたくさんの使用人を置く大きな家に住むアハメッドだが、その飛びぬけた経営才覚が妬みをもたれるのかもしれない。

しかし、一方で、シンゲッティの伝統的な建築を維持させようと、職人たちを集めて、そんな家を復活させた。砂漠にある石と土とナツメヤシなどの木材だけで建てた家は、夏でも快適に過ごせる。当然高額な賃貸料だと思うが、これを外国人に貸すところが彼らしい。職人も育ち、働ける人も増え、シンゲッティの活性化にもなることを考えると、単なるビジネスマンではない。

ヌアクショットのアハメッドの家には、私たちのNGOが活動するための必需品も保管されているし、現地の細やかな情報は彼からの示唆によるところも多い。日本だけでなく、フランスからの医療団にも手厚く援助していると聞く。ノマドも彼のオーベルジュの井戸で自由に水を汲むことができる。

そして、すばらしい運転手で、砂漠の達人、エレイヤを紹介してくれたのは、このアハメッドだった。

一度だけならば、そのままの印象だけで終わっていたかもしれないが、二度、三度と行くたびに、砂漠を巡る人の出会いや繋《つな》がり、その人となりも理解できる気がしてくる。それが、さらに、私を砂漠へ駆り立てる。

「セーブ アフリカ」の仲間と
（中央がエレイヤ、後列右から２人目が著者）

砂漠の海岸
―サヘル、サハラの南縁

砂漠を海にたとえるならば、縁は海岸。その昔、サハラを旅したアラブ人たちが広大な砂漠を海に見たてて、その縁を海岸、アラビア語でサヘルと呼んだ。サハラ砂漠の南縁部をいう。

サヘルに位置するブルキナ・ファソという小さな国は、西アフリカの内陸国で、マリなど六カ国に囲まれている。かつては、オート・ヴォルタという名だった。

ブルキナ・ファソに興味を抱いたのは、数年前、東京で開催されたアフリカ映画祭で見た映画からで、私はそれまで、ブルキナ・ファソが映画の国であることを知らなかった。モーリタニアの友人は「あの

映画の国＊アフリカでいちばん大きな「フェスパコ国際映画祭」が一年おきにブルキナ・ファソで開かれる。

サハラの南縁、サヘルの風景（ブルキナ・ファソ）。

国の映画はアフリカでも特別だよ」と言う。とても知的な政治的風刺のすばらしい映画だった。伝統的な風習の残る村で、冷ややかに真実を語る男は狂人に扱われている。男はときに権力に利用されるが、不要となれば簡単に始末される。一方、権力に弄ばれた女は何もかもが虚構だと知る。愛すらも。そして女は何もかも捨て、激しく降りしきる雨のなかへ、声を張り上げて歩く。男は村でだったが、女は村から出て、都会で真実を語る狂人になった。

スクリーンに映し出された家々、村、森。風景やなんとも人のよさそうな村人。初めて見る世界だった。そして、乾いた空気のなかにも、全編に漂う湿度。最後は雨季で終わる。

砂漠の縁も見てみたい、と思った。

私は首都、ワガドゥグから北東に向かう幹線道路を走っていた。

「危ないな」

運転手のサワドゴが怒るが、優しい人なので本気に聞こえない。この国の人々は小型バイクを自転車のように気軽に乗りまわし、横に並んでしまうこともある。舗装道路を快適に走るトヨタの四輪駆動車は

ブルキナ・ファソ、バニのモスクの前で
案内人（左）はアラビア語を話した

ラテライトの赤い道を走る。

サワドゴのお気に入りで、タフでよく走るという。

アフリカの穏やかな冬の日。乾季のサバンナは、枯れ草の黄色で覆われた大地に、小さな葉をつけた木々がまばらに立つ。水色の空には水彩絵の具でさっと引いたような白い雲がかかる。暑さが心地好い。

「私、まだバオバブの木を見たことがないの」

「これから、いっぱい見られるよ」

まもなく、すっかり葉を落とした不思議な木が見えてきた。遠くからでも、それとわかる、太い幹にたくさんの腕を持った巨人のようなバオバブの木。森の精霊のように思える。今にも動き出しそうなその姿は『指輪物語』に登場する木の牧人と重なってしまう。初めてバオバブの名を知ったのはサン・テグジュペリの『星の王子さま』。教会堂のように大きなバオバブの木が小さな星にはびこると、根が星を突き刺し、破裂させてしまうから、小さいうちに羊に食べさせたいという。幹のなかは空洞になっていたが、とにかく大きい。雨季が来て葉をつけると、さらに大きく見えるにちがいない。

ラテライトの赤い道に変わると、赤い砂埃が舞い上がる。最終氷期の二万年前、大乾燥で、サハラ砂漠は今のサヘル地帯まで広がり、こ

バオバブの木の下に市が立つ。

のときサハラ砂漠から風で運ばれたのが赤い砂。

赤い道の両側には美しい風景が流れるように続く。ロバ車に薪を満載にした少年が大きく手を振り、ロバに鞭打つ。土壁の円形の建物が並ぶ集落。刈り取られたイネ科の株が残った畑では、女たちが脱穀に精を出している。茂みのなかの畑には細いつるに繋《つな》がったダイナマイトのような大きなスイカが転がる。のどかな生活が見える。

湖のそばのバオバブの木の下は青空レストラン。売られているスイカの赤い果肉に、羽音を立ててもぐりこもうとするミツバチ。甘いスイカは人にも美味しい。どこからともなく現れた、頭上に洗濯カゴを載せた女たちが列をつくって、鏡のように光る湖へ向かって歩いて行く。

「どこから来たの？」

いつも同じことを聞かれる。ときどきサワドゴが私の代わりに答える。私もときどき「あの人は何人《なにじん》？」と訊ねる。サワドゴはモシ人で、この国に最も多く住む人たち。ブルキナ・ファソにはたくさんの民族が住むが、私にはトゥアレグ以外、見分けがつかない。黒人系の顔立ちは、誰もが同じ人に見えた。ところが、二、三日過ぎると不思議と見分けがつくようになる。

湖に面して市がたつ。鉄板の上で燻製のように焼かれたマトンは飛び切り美味しい。市場へ行く人々の合間をゆっくりと車を進めるサワドゴ。賑やかな市場には映画で登場した人たちの顔が溢れる。とりわけおじいさんたちがいい顔をしているのは、中東とも共通する。

緑が濃くなると、空を映した水色の湖が広がる。水草が小さな白い花をつけ、美しい鳥が水面にたくさんの輪を描く。牛の群れが赤い砂煙をあげて道路を横切る。道にせり出している背の高い草が大きく波打つ。

このまま、赤い道を走り続けたら、国境を越え、ニアメイへ、ニジエールに着く。さらに進めば、チャド湖が見え、チャドを超えたら、スーダーンまで辿り着いてしまう。赤い道の途中にあるたくさんの小さな街、そのなかの市場やモスクは、姿、形を変えはしても、ビラード・アッ・スーダーン（黒人たちの国々）の歴史を記憶してきた。かつての日本人が尾根伝いに、集落から集落を移動したように、人々はアフリカの内陸を東西に結ぶ回廊、サヘルを通って往来した。そこは、サハラと熱帯アフリカをも繋いできた。


次ページ上＝頭上に籠を載せた女たちが市場をゆく。

下＝鏡のように光る湖を渡る女たち、ウルシィ。

ラフィア＊raffiaヤシ科ラフィア属の総称。熱帯アフリカやマダガスカル島に生える中形のヤシ。葉の繊維で園芸用の紐《ひも》、帽子、敷物などをつくる。

コーラの実＊カフェインを含み、クリのような形をしている。苦味と渋味の後に清涼感を残す。この成分を元にして生産されている飲み物はあまりにも有名。

丘の上のモスクの前で売られていた、ラフィアなどで編んだ敷物、パニエや帽子は、子供たちの手による精巧なつくりだった。ブルキナ・ファソでは工芸品や織物の染色は目を見張るものがある。肥沃な大地ではないが、身近なものを利用して、人々のつくり出してきたのは、芸術の域にまで達している。

自給的な農牧業が主体なこの国は、羊もヤギも、牛に豚、鶏と、あらゆる家畜がいる。ようやくラクダを見たのはウルシイだった。足元の砂が増してきたゴロンゴロンで、大きな市場があると聞いた。

「私は、そこへ行く道は知らない。ガイドに案内してもらわなければ無理だ」

ピスト（オフロード）だった。途中で降ろされたら、絶対に戻れない道なき道。アカシアの木の間を、まさに縫うようにガイドがサワドゴに指示する。砂が深くなっていった。湖に鮮やかな衣装のフラニーの女たちのシルエットが映り、大きな木の下に主人を待つラクダが座っていた。ロバに乗り、または徒歩で、市で求めた荷を抱えて家路へ戻る人たちとすれ違う。牛の群れが砂を蹴り、ヤギが角を捕まれて鳴き喚く。いつも集まってくる子供たち。突然、四輪駆動車がスタック

ここから砂漠が始まる、砂の海に帰ってゆく人々を見送る

した。男たちが駆け寄ってきて、砂のなかから押し出すにはさほど時間はかからなかった。

市場を歩く。めずらしいコーラの実や岩塩、乳香、刻み煙草が売られ、近隣の国々からも運ばれた生活に必要なものすべてが揃う。銀や革製品、布のデザインと色は、アフリカの活気ある市場そのものだった。私はサワドゴの真似をして、赤いコーラの実を齧りながら、市場から村を通り抜けた。

前方が開け、あの酸化鉄の色を含んだオレンジの砂漠が見えた。

「右に行けばマリだ。ここからずっと砂漠が続く」

家路へ向かうロバに乗った人々の一団が、まるで映画のラストシーンのように、オレンジ色の砂の彼方へと吸い込まれていく。それは海を遠ざかっていく小さな船にも似ていた。

そして、私はサハラの南縁部、海岸に立ち、幾艘もの船を見送った。

サヘルを後にした私は、映画が撮られたブルキナ・ファソ第二の都市、ボボ・ディウラッソへ向かった。暑い冬の日、新しい年が明けようとしていた。

サヘルの風景　牛を追う

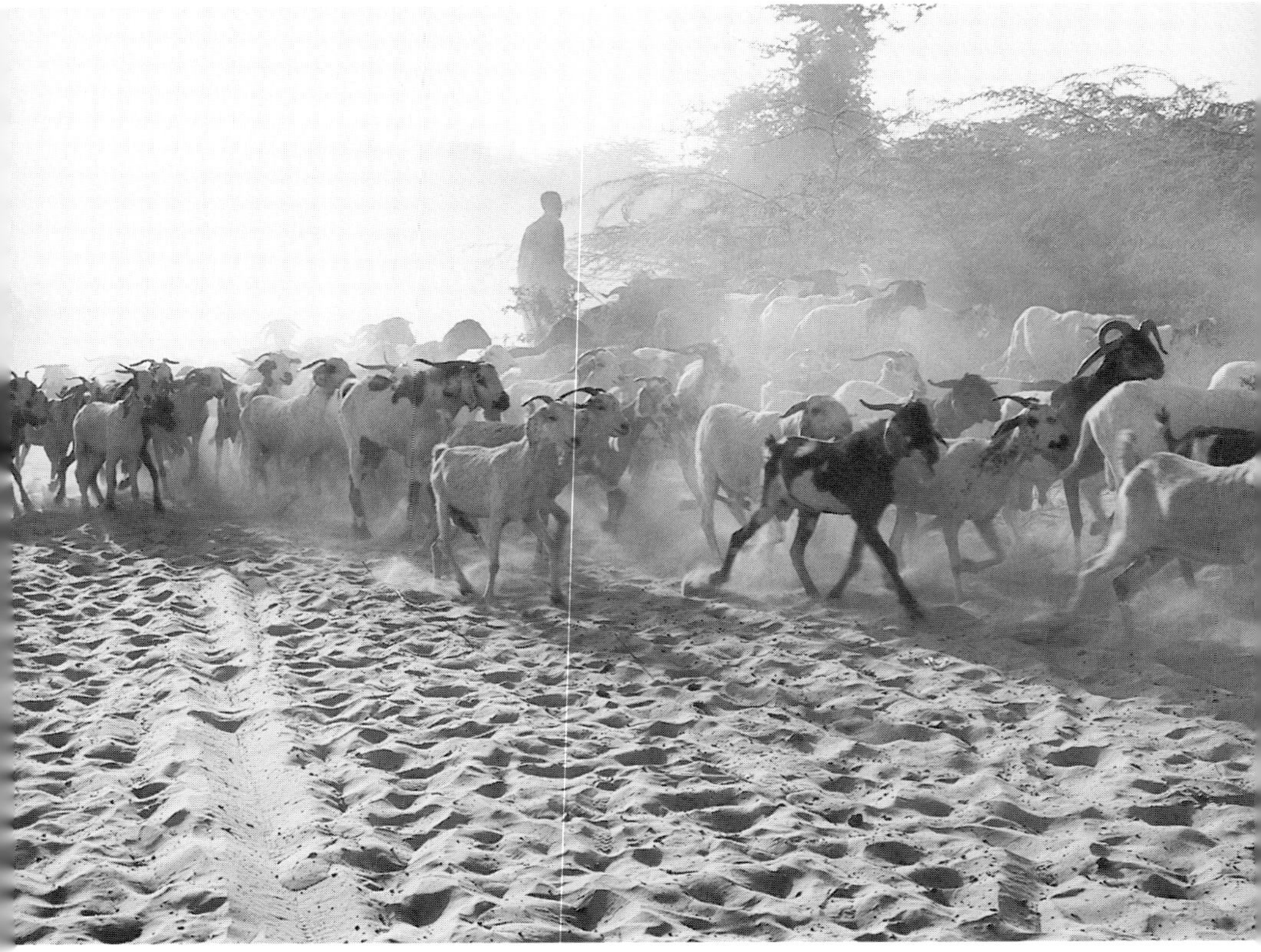

砂漠を旅する仲間
―フェルナンド最後の旅

フェルナンドと会ったのは、砂漠へ行く前に滞在するマラケシュで、路地を入ったところにあるホテルだった。

私の定宿にしているホテル・ガリアの横に小さなホテル・シリアがあった。どういうわけでシリアなのか。よく通い続けたシリアという文字を見ると、つい聞きたくなる。

それよりも前に、やはりマラケシュで、紹介されたホテルに入ったとき、あまりの暑さで「ショーブ、ショーブ」を連発したところ、レセプションにいた人が目を丸くした。シリアのアレッポで言う「暑い、暑い」の意味で、発音しやすいので、暑いところへ行くとつい習慣で

ラクダの飾り物

出てしまう。ところが、彼はシリアのアレッポ出身だったから驚いた。中東世界では、国を超えての人の移住はそうめずらしくはないが、私がアフリカの、モロッコで出会った最初のシリア人だった。それから意気投合して楽しい旅のスタートを切ったのは言うまでもない。

だから、興味を持ってホテル・シリアを訪ねた。モロッコの家の多くはたいてい中庭《パティオ》があるが、そのホテルも本当に小さな中庭《パティオ》があって、そこで見たことのあるふたりの男性がお茶を飲んでいた。私は友人と、通りに面したジュエリーショップで、ウィンドーに額をくっつけるようにしてブレスレットやネックレスを物色していた。そのとき、やはり同じようにして、覗き込んでいたふたりの男性が彼らだった。

ふたりはカナダから来たフェルナンドとイヴだった。お茶を勧められ、彼らといっしょに飲むことになり、旅の情報交換からお互いの生活のことにまで、話題は尽きることなく続いた。フェルナンドは恰幅のいい六〇代半ばの紳士で、イヴは四〇歳前後のまだ独身の青年だったが、旅の主導権は旅慣れたフェルナンドにあった。同じロードサイクリングのグループに所属し、ふたりしてモロッコの砂漠の旅にやって来たのだという。

結局、ホテル・シリアにいたのはオーナーではなく、経営を任されている使用人家族で、その謂れについてはわからなかった。

「こういう男だけの旅ですから、よかったら明日いっしょに朝食でもいかがでしょうか？」

ホテル・シリアは部屋数も少ないことから食事のサーヴィスがなく、ふたりは翌朝ホテル・ガリアにやってきた。

ホテル・ガリアは中庭《パティオ》を取り巻くように、建物がある。壁面を美しいアンダルシアのタイルが飾り、二階まで届くバナナやヤシの木、ブーゲンビリアが植えられている。中央の噴水のある池には亀がいて、猫や犬まで飼われていた。噴水を取り囲むようにして配置されたテーブルとイスに座ると、なんとも幸せな気持ちになる。そこでとる朝食は本当に美味しい。キッチンでガリガリと音を立てて絞られた甘いオレンジジュースや、出来立てのパンケーキがクロワッサンなどとともに大きなトレイで運ばれてくる。ふたつのポットに分けられたコーヒーとミルクをたっぷりカップに注ぎながら、午前中、皆で市場《スーク》を歩くことに決めた。

まずは、昨晩、飽きることなく見つめていたネックレスをフェルナ

店先に並んでいたティーポット

ンドが妻のために買った。再婚で、ポーランド人の妻だという。

「妻も写真を撮られるときに腕を組む習慣があるね」

私はしっかり腕を組んで皆と並んで集合写真に納まった。

フェルナンドは写真が趣味で、日本製のカメラといくつかの交換レンズを持ち、ときどき立ち止まっては、じっくりと被写体と向かい合う。私が写真を撮っていると言うと、うれしそうに、羨望のまなざしで日本製のマミヤのカメラを見る。その顔は日本でもよく見かけるカメラ好きの好好爺と変わらない。

しかし、フェルナンドは自転車に乗っているだけあって体力があり、意欲的に市場《スーク》を丹念に見てまわる。イヴは自転車グループの先輩であるフェルナンドに敬意を払い、彼に従うように歩いている。フェルナンドは旅人でありながらも、出会う人々に優しく接する。観光客相手の物売りに対しても丁重に断る。私の収集している古い鍵を安く買ってくれたのはフェルナンドだった。

「努力してその人がつくった物には、ある程度のお金を支払ってもいいが、所有物を売り物にしている者には高いお金を払ってはいけない」

鸚鵡《おうむ》を持った老人がそばに寄ってきて写真に納まったとき、私が老人に支払った金額は高すぎると言うフェルナンド。

木工職人のつくるイスや飾りドアをじっくり見学した後、フェルナンドは職人に四つのペンダントトップを依頼した。そして紐を買い、それぞれが首にかけた。

私たちは別れ、別々のコースを辿り、砂漠へ向かうことになった。彼らの一カ月間のバカンスには余裕がある。レンタカーでゆっくり回るのだという。

帰国後、しばらくしてメールが届いた。

モロッコから帰り、忙しく仕事をしている日々で、この間はモントリオールからラスベガスまで自転車ショーに出かけたが、ワールド・トレイド・センターの爆破事故の後だっただけにセキュリティーがきつかったと、送信してきた。

その後、大量の写真とともに手紙が届いた。懐かしい写真のなかに腕を組む私がいた。高いお金を支払った鸚鵡を手の甲に載せた老人とフェルナンドが笑っている。砂丘の前に立つフェルナンドとイヴの写真、砂漠の人々の写真は別れた後のものだった。好奇心と行動力のフェルナンドならではのすばらしい旅だったことが納得できる写真だった。

砂漠に立つフェルナンド

それから、一年以上たって、イヴからのハガキが届いた。

突然のフェルナンドの死に、私はショックで立ち上がれないと書かれてあった。私は読み違いではないだろうかと、フランス人にも見てもらったが同じだった。ともに旅をした尊敬する友人に先立たれたイヴの憔悴した顔が想像できるだけに悲しい。

すぐイヴとフェルナンドの妻にお悔やみの手紙を書いた。

妻からの返事の最後にはこう書かれていた。

―いつもあなたのことと、砂漠の話をしていました―

添えられた黒い縁飾りの写真には、マラケシュで会ったときのままのフェルナンドの笑顔があった。

フェルナンドの最後になった砂漠への旅。いつも砂漠へ向かうときには、そんなフェルナンドの姿を探してしまう。

サハラでお茶を

「最後のお茶を飲みましょう」

砂漠のオーベルジュを最後に去るとき、必ずお茶を飲む。目の前に広がる黄金色の砂丘を見つつ飲むお茶は、いつもセンチメンタルな気分にしてくれる。今度はいつ来られるのだろうか、もしかしたら、これが最後なのかもしれないと。

「さあ、お茶を飲んで出発しましょう」

砂漠へ出発するときにも、お茶を飲む。これから、砂漠へ行くのだという気持ちでわくわくさせる。

「この辺で休憩してお茶にしましょう」

砂漠の移動中でも、またお茶を飲む。暑い砂漠で飲む、熱いお茶も

ミントを摘むベルベル・ノマドの女性

格別だ。

砂漠でも、都会でも、お茶は客の見ているその場で淹れる。お茶を飲むという行為だけでなく、淹れているところからその場で待つということは、ゆっくりとした時間と空間を確保することになる。

砂漠へ行く人たちはみんな茶道具を持参する。携帯のオイルコンロとホーローのポットに小さなグラス。それを収納する専用の木製のケースもある。茶葉は中国産の緑茶（ウーロン茶）だが、巻きの細かいものが多い。グラニュー糖は気温の高い砂漠では溶けてしまうために、筒状に結晶した大きな塊の砂糖を筒に入れて運ぶ。高価だけれど、味はいい。これを割って使う。そして、生のミントがあれば言うことはない。

モロッコではミントティーのことを「アッツァイ」と呼ぶ。ベルベル語でお茶という意味だが、モロッコの人たちはアッツァイが好きで、朝に、昼に、夜に飲むが、昼寝をしては飲み、来客があれば飲む。買い物をすれば「お茶でもいかがですか」と言われる。需要も多いことから、安価で、市場にはミントだけを売る店やミントの束を歩いて売る人もいる。

ポットのなかに葉茶と生のミントの葉と茎を丸ごと、それに、たっ

ノマドのテントのなかで湯を沸かす。

ぷりの砂糖を入れ、そこに熱湯を注いで、ポットごと弱火にかけ、沸騰させせないようにミントの風味をゆっくり煮出す。泡がたち始めたら火を止め、ポットを高い位置に持ち上げ、小さなガラスのコップに四分の三ぐらい注ぐ。暑くないようにお茶が満たされていない部分を持って熱々を飲むが、人数が多いときには飲み干したグラスを戻さないと他の人が飲めなくなる。

ミントが、なぜお茶に淹れて飲まれるのかよくわからない。ミントも日本にあるものとは少々違い、甘みのあるまろやかな味が特徴で、いったん根付くと、他のミントを消してしまうほどの強靭な生命力がある。束で売られているのは、四、五〇センチと、大きいが、砂漠地帯のオアシスでは背丈の低いミントが育っている。ミントはシソ科で、その成分には精神を安定させる効力がある。その清涼感は、ガムや歯磨き剤にも取り入れられているように、意識を集中させ頭脳活動を活発化させる。

ジブラルタル海峡を見下ろし、スペインが見える町、タンジェに住んだ作家のポール・ボウルズはモロッコを舞台に多くの作品を書いた。『シェルタリング・スカイ』ではアメリカ人夫婦が失われた夢を取り戻すためにやってきたはずの北アフリカで、かつての生活へさえも戻れない旅へと出発する。

『シェルタリング・スカイ』ではお茶を淹れるシーンも飲むシーンもあるが、永遠に飲むことのないお茶もある。

そのなかで三人の娘、ウートカ、ミムーナ、アイシャのお茶を巡る話が語られる。三人は幸運を求めて山からアルジェリアのオアシス、ムザブへやって来る。三人は、他のどんなことよりもサハラ砂漠でお茶を飲みたかった。そしてガルダイヤのカフェで踊っていても、やはりサハラ砂漠でお茶を飲みたいと願っていた。ある日、美しいラクダに乗った背の高い美男子が現れ、三人は男と愛し合うが、夜明けにはラクダに乗って去っていく。何カ月か過ぎ、男のことは忘れられないし、サハラへ行けるだけのお金も稼げない。

「これではサハラでお茶を飲むこともできずに終わってしまう」

三人は各自のお金を持ち寄り、ティー・ポットと盆、グラスを三つ買い、エル・ゴレア行きのバスに乗り、サハラ砂漠へ行く隊商とともに出かける。そして三人はティー・ポットと盆、グラスを持って、サハラ全

トゥアレグ・ノマドが火をおこすのに使っていたふいご

儀式のようにして飲むモーリタニアのお茶は日本の野点に
似ている。茶道具の入った箱がいつもそばにある。小さな
カップで三杯飲み干すには、ゆったりとした時間が必要。

体が見渡せる一番高い砂丘を探した。頂上へ登ると、「向こうにも高い砂丘が見えるわ。あそこならイン・サラーへの道が見渡せる」

また登る。

「あれがいちばん高い丘よ。タマンラセットまで見渡せるわ」

また、懸命に登り、頂上まで登りつめたときには、疲れきってしまった。

「ひと休みしてからお茶を淹れましょう」ということになり、三人の娘はティー・ポットと盆とグラスを並べた。それから横になって眠る。

そして、何日かたって別の隊商が通りかかり、いちばん高い砂丘の頂に何かあるのを見つける。登ってみると、ウートカ、ミムーナ、アイシャの三人の娘たちは眠り込んだときと同じように臥せっていた。

そして、グラスは砂でいっぱいだった。

アメリカ人夫婦の旅だつ前に出てくる、なんとも悲しいお話。

「ティー・ポットのなかには、この全宇宙が、盆は大地、ポットは天、グラスは雨。雨によって天と地はひとつに結ばれる」と、言われる。

サハラで飲むお茶は、熱く、甘く、ミントたっぷりのお茶がいい。

砂漠化

私は、一度訪れたところへは何度か通う旅が多い。

再会の喜びとともに、結婚や出産などの家族の変化や、新しく始めた仕事のことなどを聞いて、一喜一憂したりする。ホテルや商店などが増えていれば、行ってみたくもなる。街の開発が進み、様相が変わっていたときは少し残念に思うけれど仕方がない。しかし、砂漠で目にする変化だけは複雑な気分になる。

水路が引かれ、水が勢いよく流れているのを見たのは砂漠のなかのオアシスの村だった。翌年行ってみると、水路はすっかり乾いていた。当然、村には以前の活気はない。水の流れが止まっただけならばまだいいが、砂が溜まると元の状態に戻るのはとても厳しい。

突然襲う集中的な雨は、表土を流し、痩せた大地をさらに痛めつける（ブルキナ・ファソ）

次ページ＝涸れた川に架かる橋　雨季には水が流れる（ブルキナ・ファソ）

ＮＧＯで訪れるサハラの奥地の村は、砂漠を往来する隊商隊が立ち寄る大きなオアシスだった。今では寂れ、年々、砂が押し寄せてくる過疎の村と化したが、往時の水が流れていた谷や、緑豊かな地形を想像できる。そこですら、二年後に行ってみると、砂がないはずの、村の真ん中の平地に砂丘ができていた。

サハラのオアシスに住んでいる友人が車で湖を案内してくれたことがある。水草が繁茂し、水鳥が遊ぶ湖は青い空を映していた。近くには砂漠の暑さをしのぐための半地下構造になった日干しレンガの家々が並ぶ集落があった。しかし、そこにいたのは到着したばかりのノマドの一家族だけだった。湖は塩湖で、塩生植物があたりに根を下ろし、井戸が涸れて住めなくなり、住民が捨てた村だった。夕日も落ちた薄暗がりの廃墟の前で、ノマドたちに勧められるままお茶を飲みつつ、廃墟に住み、数時間かけて遠くから水を汲んでくる話を聞いた。

私のような旅人ですら、砂漠が進行しているのが見える。その塩湖へは小型のプジョーで出かけたのだが、湖の手前でスタックし、しばらく砂と格闘することになった。硬いと見えた地表は、砂地に黒い礫《れき》が細かな砂になって降り積もったものだった。

まずは砂漠に必要なものは水。だが、大地を潤すような雨はほとんど望めそうもない。突然襲う集中的な雨は、表土を流し、砂でできた家の破壊やバッタの大量発生に繋《つな》がり、砂漠の生活をも脅かす。どこでも地下水に恵まれているわけではないし、その水も有限で、いずれはなくなるかもしれない。

乾燥、湿潤を繰り返してきたサハラは、現在は乾燥の時代にあり、さらに乾燥化は続くようだ。最後の湿潤期は九五〇〇年前ごろといわれるが、六〇〇〇年前ごろには乾燥化が始まり、河川が涸れ、四五〇〇〜四〇〇〇年前ごろになると多くの湖が干上がり、生息する動物も極端に少なくなる。降雨がなく、乾燥で植物が枯れると、土地は劣化していく。風が地表の土を運び、露出した大地はもろい部分からさらに削られていく。風の強いサハラでは、風による土地の浸食で砂が飛ばされ、蓄積され、砂丘ができる。砂丘は前進し、露出した大地は堆積岩だけの岩砂漠になる。

しかしながら、このように「砂漠化」に至るのは自然によるものだけではない。砂漠は南下し、サヘルのような「乾燥地」「半乾燥地」にまで砂漠を広げているのは人為的な要因が絡み合っている。

進む乾燥化　砂漠で最も大切なものは水。砂丘の先の地面が少し黒いところに井戸がある。

　砂漠化が始まると、牧草地が減り、農地が減る。これに急激な人口増加が追い討ちをかける。人口が増えたことにより、食料不足になる。食料となるヤギや羊などの数を増やせば、砂漠やサヘルの少ない緑を食い尽くすことになる。過剰放牧が、植物の再生能力を超えてしまう。また、狭い農地の酷使も土を傷める。そのうえ、農地拡大や燃料用に使用する木々の過剰な伐採も裸地をつくり、土地は保水性を失い、劣化する。地下水も排水設備のない過剰な灌漑が地下水面を上昇させ、上昇した水は蒸発し、表層土に塩分を残し、地表を覆う。このような状況下で植生は破壊されて、砂漠化が進む。

　人口増加だけが要因ではない。この地域に住む人々はあまりにも貧しく、日々の生活もままならないなかで、地球規模の「砂漠化」を意識する余地はないように思える。本来は、その人口に見合った放牧や農業で生活していたはずだった。

　そんな地域住民たちが長年にわたって身につけてきた伝統的農業を見直そうとするのが、世界的な組織の「国際アグロフォレストリー研究センター（ＩＣＲＡＦ）」。アグロフォレストリー（Agro-Forestry）とは農業（Agriculture）と林業（Forestry）のふたつのことばからなる合成語で、

ラクダの放牧（ヌアクショット）。

農業と林業が共存した土地利用を、地域住民との共生で行おうとするものである。それは今までのような植樹だけで終わらずに、住民が糧を得られる木々を植え、その間（日陰）を活用して農作物を育て、畜産物をも収穫できるような積極的な生産活動の支援をする。また、住民が古来、行ってきた焼畑農業や、多彩な作物を組み合わせて植えることも見直しをする。植物の科学的分析も行い、今日の科学と地域住民の伝統的な知識とが結合できないかを試み、研究する機関になっている。

少しずつだけれど、その地域にあった方法で援助の手が差し伸べられつつある。だが、砂漠化はそこに住む人々だけではなく、地球の問題としてとらえなければならないほどの状況にある。

現在、砂漠化の影響を受けている土地は地球上の全陸地の四分の一に達し、砂漠化の影響を受けている人口は約九億人、世界の人口の約六分の一といわれる。一九六八年代〜七三年にかけてアフリカ・サヘル地域を大干ばつが襲い、多くの被害を与えた。これを背景に、一九七七年に国連砂漠化対処会議が開催され、「砂漠化対処行動計画」が採択され、国際レベルでさまざまな砂漠化防止対策が推進されたが、現実にはほとんど成果は上がっていない。一九九二年の地球サミット

砂の地面にへばりつくようにして、わずかな植物が生えている。

では砂漠化防止が議論され、一九九四年には砂漠化対処条約が採択され、日本も一九九八年に条約を批准し、締約国となった。先進締約国は砂漠化防止の情報研究、技術分野での積極的協力、組織的な人材育成、啓発、資金面での協力が義務づけられるまでに進展した。ようやく日本も主要なメンバーになり、政府や研究機関も動き出し、援助を決め、NGOなどにも支援を始めた。

この援助を公共事業として、建物の建築や、井戸掘り事業などにあてることもいいが、その国の経済のバランスから考えると、その費用があまりにも高額すぎると思うこともある。それが、その後も、必要とする人たちに役立っているのか、そこまでも見極めた援助が望まれる。

日本からアフリカは遠く、砂漠のない国からは砂漠化の現状が理解されにくい。支援も砂漠化を食い止めるために、どうしてもサヘル近郊に重点が置かれる。すでに砂漠になり砂に埋もれつつある陸の孤島で、今も暮らす人々や、暮らせなくなり都会へ出たが職はなく、生活は貧困の一途を辿る人々もいる。そういう人々の声は思いの他、小さい。そういう声や存在を知り、まずは身近な人々に伝えることが、旅した者のできる最も簡単な行為のような気がしている。

旅への想い

砂漠やその周辺を歩き、私はいろいろな人と出会ってきた。

交通手段もない、砂漠の奥地に住んでいる人たちは、その地から出ることなく、一生を過ごすのかもしれない。砂漠だけにかぎったことではないが、世界にはそういう人たちのほうが多い。それに引き換え、私は、金銭的な余裕も必要だけれど、時間の許されるかぎり、自由に世界を旅することができる。同じように生を受けながらも、身軽に行動できることを幸せに思っている。

旅では、特に親切にされることが多い。私の撮った写真を持参すると、とても喜んでもらえる。私たちの誰もが持っているように、カメラを持つ人は少ない。写真も、数枚を肌身離さず持っていたりする。

スタッグした車を押すNGOの仲間たち
砂漠では誰もが持てる力を出し切って協力する

次ページ＝旅で出会ったノマドの姉妹
妹のラブファン（左）とは、もう少し成長してから再開した

だから、贈り物になる。そのお礼に、お茶をごちそうになり、一日中働いて、わずかな現金収入を得るだけの人から小さなプレゼントをもらうこともある。そんな彼らの表情は温かく、優しいが、皺の刻まれた顔や荒れた手を見ると、胸が熱くなる。

トマトの水煮の大きな空き缶を持って歩いている子供が多いと思った。小さなシシカバブ屋の主人と話しているときだった。その主人が突然、パンを彼らに配り始めた。子供たちはあっという間に寄ってきて、パンをもらった。子供たちの要求するあまりにも小さな声と、シシカバブ屋の主人の優しさとが均等に天秤上にある。決して裕福な国ではないが、そんな社会の仕組みを知って、感動したり、戸惑ったりもした。

砂漠で遊んでいた子供の写真を二年後に持参したことがある。オーベルジュで働く母親は「その子はもう死んでしまったのよ」と寂しく言う。今も、鮮明に思い出す。スカラベをペットボトルいっぱいに捕まえて持ってきてくれた子供だった。NGOで砂漠の村に滞在したときも幼い子供が死亡し、音楽や踊りの歓迎会がなかったこともあった。統計上ではわかっていても、実際に小児死亡率の高さを身近で知るこ

となる。
今も、砂漠やその周辺に住む人たちは少なくない。とりわけ、ノマドは過酷な砂漠に住み、家族や飼っている動物とともにわずかな家財道具を持って遊牧している。その移動も、家畜の水や餌を求めて定まった場所を定期的に移る。国の政策により定住を勧められても、彼らは遊牧する。それは生まれながらにして、そういう生活がすべてだからである。理由はない。彼らの生活を変えない一途さと、そのたいへんさを知る定住者はノマドには優しい。「ノマドのような人」だと言われれば、尊敬に値する言葉だと思ってもいい。それでも、私は幼い子供に慕われると、わかってはいても、砂漠で生きていかなければならないその子の一生を案じてしまう。

人だけでなく、自然の成り立ちや、そこで生きる動植物にまで興味は尽きることはない。
たまたま地球に水が蓄えられたことにより生まれた生命は、少しずつ進化し、とてつもなく長い間、地球の住民になった生き物もいる。数億年も生きた小さな生き物は大陸の移動で押し上げられた砂漠に、

次ページ＝NGOの活動で滞在したアイン・サフラ村で村人たちと（中央が著者）

その痕跡を残した。ヒトが生まれておおよそ六〇〇万年といわれるが、地球の歴史から比べれば私たちの存在は、ほんの一瞬の出来事なのだ。長い進化の過程を経て、砂漠に棲むことなった生き物たちは、極度に乾燥した砂漠に適応した姿をつくった。厳しい状況下で、小動物は生存競争し、逞しく強かに生き、植物は種《しゅ》を絶やさないよう根を張る。

　地形を留めないほどに風化し、生きるものをすべて排除したかのような岩や砂だけの砂漠は、無の境地に誘うには十分な情景をつくる。そんななかにも人が住んだ痕跡があり、人が物や情報を携えて、ラクダとともに長い道のりを歩いた記憶が残っている。

　幾度か砂漠へ通うにつれ、体力があるうちに行きたい、と考えたこともあった。気力があるうちは体力もついてくるが、いずれ、そうはいかないときは来る。今では懐かしいが、まだ少ない情報を必死で集め、不安ばかりが先行したころのひとり旅は「二週間はどんなに無理しても体力は続く」と、先輩に励まされ、出発したのだった。まだ体力はあるけれど、世界中を歩いている友人から「体力がなくなっても、その分経験で補える」と言われると、桁違いに張り詰めた緊張感は薄らいできた。それ以来、さらに身軽に行動できるようになった。

旅への想いは止むことなく、さらにまだ知らない世界を歩いてみたいと思う。とりわけ砂漠は広い。それでも広い砂漠をも狭く感じるほどに、世界の情報は砂漠にすら一瞬にして伝わる。背景となる母国の事情を超え、一個人として接してもらえるのは、ひとり旅の特権かもしれない。幸いなことに、旅先でカナダ人やオーストラリア人と偽らなくてもすむ国から旅行に出かけられることには感謝したい。旅が限定されてしまうような、世界の、地球の平和を脅かす風潮が強い昨今、声高に勝手な論理を主張し、無力の人々が日々の生活をも制約を受けるような、攻撃的な行為がまかり通ることは残念でならない。砂漠にも、そのようなことが現実に起こるとはかぎらない。

砂漠に明確な季節はないが、気候が春から夏の安定期に向かうころ、足元に砂漠のスイカを発見した。小さな葉は生まれたばかりの子供の手のようにかわいいが、丸い実をつけ、礫《れき》砂漠に降り注いだ砂の上にしっかりと、茎を伸ばし、根を張っていた。その実はとても人が食べられる味ではないが、動物に食べられ、種は排泄物とともに砂漠に戻る。生命を引き継いでくれる動物だけに食べることを許し、必死で生きる植物の姿がある。砂漠を旅してきて、そんなささやかなものにも目が留まるようになった。いつしか、私は夢の砂漠ではなく、現実の砂漠を歩いていた。

古い鍵を集めている
もうひとつの楽しみ

参考文献

アルケミスト―夢を旅した少年　パウロ・コエーリョ（山川紘矢・山川亜希子訳）　角川文庫　一九九七年
イスラームと商業の歴史人類学―西アフリカの交易と知識のネットワーク　坂井信三　世界思想社　二〇〇三年
イスラム・ネットワーク―アッバース朝がつなげた世界　宮崎正勝　講談社選書メチエ　一九九四年
サバク　藤田一咲　光村推古書院　二〇〇二年
砂漠　ル・クレジオ（望月芳郎訳）　河出書房新社　一九八三年
砂漠と気候　篠田雅人　成山堂書店　二〇〇二年
図説沙漠への招待　赤木祥彦　河出書房新社　一九九八年
沙漠の自然と生活　赤木祥彦　地人書房　一九九〇年
砂漠の世界　片平孝　あかね書房　二〇〇五年
砂漠の女　イザベラ・エベラール（中島ひかる訳）　晶文社　一九九〇年
砂漠の宝―あるいはサイードの物語　ジクリト・ホイク（酒寄進一訳）　福武書店　一九九〇年
サハラが結ぶ南北交流―世界史リブレット60　私市正年　山川出版社　二〇〇四年
サハラ幻想行―哲学の回廊　森本哲郎　河出書房新社　一九七一年
サハラのほとり―サヘルの自然と人びと　門村浩・勝俣誠編　TOTO出版、一九九二年
サハラに死す―上温湯隆の一生　上温湯隆（長尾三郎編）　講談社文庫　一九八七年
シェルタリング・スカイ　ポール・ボウルズ（大久保康雄訳）　新潮文庫　一九九一年

星の王子さま―プチ・プランス　サン・テグジュペリ（内藤濯訳）　岩波少年文庫
　一九五三年
人間の土地　サン・テグジュペリ（堀口大學訳）　新潮文庫　一九五五年

Mauritanie, Bernard Nantet, Guides Arthaud (Paris), 2002
Mauritanie Country Guide, Le Petit Fute (Paris)
Afrique Noire, Routard (Paris)
West Africa, Lonely Planet Publication

地図
Africa North and West, Michelin
Mauritania / Morocco...., International Travel Maps (Canada)
Pays et Villes du Monde, Mauritanie

【著者紹介】加藤智津子（かとう・ちづこ）
愛知県生まれ。写真家、エッセイスト。
アラブ、アフリカのイスラーム圏をテーマに、雑誌などに執筆する。写真はアート的な写真をメインに、マニュアルカメラにこだわる。毎年、テーマを決めて個展を開催。
旅は、基本的にひとり旅が多い。その国へは一度だけでなく、何度か通う。最近、フランスへ旅して、ハムやバターよりも、やはり、マトンやオリーブが好きだったことを再認識。そして、整然としたところではなく、やや混沌としたところへ、少しだけ冒険のある旅をしたいと。

砂漠を旅する　サハラの世界へ

2005年11月25日　初版第1刷発行

著　　者　加藤智津子
発 行 者　八坂立人
印刷・製本　モリモト印刷㈱
発 行 所　㈱八坂書房
〒101-0064 東京都千代田区猿楽町1-4-11
TEL. 03-3293-7975　FAX. 03-3239-7977
郵便振替 00150-8-33915

ISBN 4-89694-864-5